# 奇談百物語

# 蠢《うごめ》記《き》

我妻俊樹



竹書房
怪談
文庫

# 目次

奇談百物語
蠢記《ごめき》

第1話

# 渦の道

イベント会社に勤める司郎さんに聞いた話。

彼が子供時代に住んでいた町にあるその道は、ほぼまっすぐで平坦な道なのに、徒歩、自転車、自動車の区別なく通るとなぜか目が回ってしまうので〈渦の道〉と呼ばれていた。西から東へ進むときだけ目が回り、東から西へ進むときは何も起きなかったそうだ。だから地元の人間は（というか、ほぼ地元の人間しか通らないような道なのだが）その道を東から西へ通るときしか使わなかった。そんな標識は出ていないが実質一方通行の道である。

歩行者なら道端にしゃがみ込む程度で済むが、自動車なら事故が起きることもある。実際近道だと思って通り抜けようとした業者の車が道を外れ脱輪することはしばしばだったようだ。

また、その道沿いはほとんど草っ原で人家は少なかったのだが、たまにそのうちの一軒で葬式が出ると、たてつづけに何軒かで葬式が出た。

その場合は逆に、東から西へと葬式が続くのだという。

目が回ることについても、葬式が続くことについても、何かそれらしい理由の言い伝えなどは何もなかったらしい。そういうことが起きるようになって日が浅かったせいかもしれない。老人よりも若い人や子供のほうが〈渦の道〉に詳しかった。

今は新しい道路ができて区画も書き換わり、周囲の家も桁違いに増えたので、どこが〈渦の道〉だったのかよくわからなくなっているらしい。

ではすべては昔の話なのかと思えば、

「この町のご老人たち、徘徊《はいかい》して行方不明になるとけっこう遠い家の人でもたいていあの界隈で発見されるんだよね」

今も地元に住む友達がそう語っていたという。

# 第2話 柿

若奈さんの父親は亡くなるひと月ほど前に、病室で妻が柿を剥《む》いているのを見てひどく怖がったそうだ。

柿を真っ二つに切った断面が人の顔に見えるというのだ。病気のせいで神経が過敏になっているのかと思ったが、それにしても尋常でないほどの怯《おび》えようだった。普段はむしろ感情表現の乏しい父親の変わりように若奈さんはとまどった。薬の副作用で幻覚を見ているのではとも疑ったが、医者の話ではそれはないだろうということだった。

じっさい、くだものの断面を異常に恐れること以外には、これといって言動の異変は見られなかったのである。

父親の死後、しばらくしてから若奈さんは遺品の中によくわからないものを見つけた。若鍵のかかる箱があったので苦労して開けると、かなり古い退色した写真が出てきた。若い頃の父親らしい男性が写っていて、たわわに実った柿の木の下に立って笑っていた。

母親に写真を見せると、まったく見覚えのない写真だという。おそらく独身時代のもので、場所は父親の実家だと思うとのこと。今は伐《き》ってしまったがかつて庭に柿の木があり、渋柿なのでそのままでは食べられないが軒下でよく干し柿をつくっていたそうだ。

「そういえばその柿の枝に人がぶら下がっているのを何度か見たことあるのよね、よく見るといないから見間違いだと思ったけど、その後本当にその木で近所の女の人が首吊っちゃってね、縁起が悪いからってその後伐り倒したんだと思う」

その話を聞きながら若奈さんはひそかに鳥肌を立てていた。

じつは写真は二枚あって、もう一枚のほうは柿の木の下に立つ父親の頭上に、ロープで首を吊っている女の人がぶら下がっている。

一瞬ぎょっとしたが、よく見ればそれは女物の服を着せられた人形だ。ショックを受けるといけないと思い母親には見せなかったのだが、今の話が事実なら父親が人形と写真を撮ったのちにこの木で本当に首を吊った人がいることになる。

いったい父親は何のつもりでこんな不気味な写真を撮ったのか。そして死の直前に柿の実の切り口を異様に恐れていたこととそれは何か関係があるのか。

もはや確かめようがないことだが、生前の父親に訊ねてもきっと何も教えてくれなかっただろう、そういう人だったからね。そう若奈さんは語っていた。

第3話

# 神隠しの話

洋美さんの父親の晃さんは昔、神隠しにあったことがあるらしい。

だがご本人にはまったくその自覚がなかったようだ。

小四の夏休みの初日。

待ちに待った夏休みである。家の近くの林で昆虫採集をして、虫かごをいっぱいにして帰宅すると、居間の日めくりカレンダーが八月三十一日になっていた。

晃さんは何かの冗談かと思ったそうだ。

だがちゃぶ台の上に広げっぱなしの新聞も、日付を見ると八月三十一日だったし、テレビのニュース番組でもプールの映像を流しながら「子供たちは、夏休みの最終日を満喫しています」などと言っている。

自分が手に提げた虫かごの中の虫も、よく見れば全部死んでいたという。

正真正銘、夏休みの最後の日の夕方だったのである。

両親と三つ上の姉は晃さんの姿を見て少し驚いた顔をしていた。

だが、一か月以上行方不明だった息子／弟と再会する反応ではない。

どうやら家族は夏休みの間、晃さんがいたのかいなかったのか今一つ記憶があいまいだったらしい。当然、警察にも届けていない。

つまり晃さんの存在自体が一か月以上、家族の頭の中から消えていた可能性がある。とにかく晃さんとしては楽しみにしていた夏休みが丸ごと、たった一日で吹き飛んでしまったのだからたまらない。わけがわからないままとにかく絶望し、大泣きした覚えがあるという。

不思議なことに、ラジオ体操のスタンプは毎日押されていて皆勤賞だったようだ。のちに近所の子に聞いた話では、晃さんは毎朝ちゃんと時間通りに公民館前の広場に姿を見せていたらしい。

だがラジオ体操をする彼は妙にハイテンションで、体操しながらでたらめな英語を叫んだり、放屁を連発したりしてみなに嫌がられていたそうだ。

宿題は当然何もやっていなかったが、泣きながら絵日記を一日分だけ描き上げた。宿題をしていない理由としてこの奇妙な〈神隠し〉の事実をありのままに書いたのだが、「嘘を日記に書いてはいけません！」と担任の先生にこっぴどく叱られてしまった。

そのことを四十数年後の今も根に持っているという話である。

第4話

# 神隠しの話　その二

神隠しの話にはこういうのもある。

八年ほど前のこと、賢二さんのバイト仲間の男性が仕事を無断欠勤した。真面目なタイプなのでいきなり嫌になって仕事をバックレたりするとは思えない。電話やメールで連絡がつかなかったから心配して賢二さんがアパートを見にいくと、チャイムを覆うように〈故障中、ノックしてください〉と貼り紙がされていた。

なのでドアをノックして呼びかけるが反応がなかった。部屋は一階だったので、庭に回って窓から覗いてみたところワンルームの室内は玄関ドアまで見通せたが、がらんとして人の姿がなかったのであきらめて引き返すことにしたそうだ。

それから一週間以上経ったが、やはりバイト仲間の彼とは連絡がつかなかった。ほかに手段もないので賢二さんはまた休みの日にアパートに行ってみることにした。ドアをノックして呼びかけるがやはり無反応。庭に回ってみても部屋は先日見たときと同じ様子で誰もいなかった。

玄関にもどってきた賢二さんは、なんとなく貼り紙をめくってチャイムのボタンを押してみたという。すると音が響き、ドアが開いてあっけなく本人が顔を出した。

驚きかつほっと一安心して、どうしたんだ心配したんだぞと声をかけると、ぼんやりした目でこちらを見ながら彼は首をかしげている。

いつものように起きてバイトに行こうと着替えたり歯を磨き、出る準備をしていたらチャイムが鳴った。だから出たらおまえがいた、なんでここにいるんだ？　と言うのだ。

無断欠勤して一週間以上経っているだろと言われても、スマホに大量に残る着信を見るまでまったく信じようとしなかった。

「無精ひげがのびている以外は、多少やつれてるかな？　っていうくらいで見かけはほとんど変化してなくて。一週間分の記憶が丸ごと飛んでる人間にしては、ありえないくらい元気そのものでしたね」

事態を把握すると彼は怯えたような目をして床に座り込んだ。まわりには、ほんの十数分前賢二さんが窓から見たときは存在しなかった布団やバイク雑誌が散らかっていた。

玄関のチャイムは故障などしていないし、貼り紙は貼った覚えがないと彼は語っていたそうだ。

第5話

# 神主のような人

重則さんが新人社員の頃、先輩に初めて連れていかれ挨拶した取引先の事務所の隅《すみ》に、神主のような恰好の人が立っているのを見た。

その場の空気からあきらかに浮いているが、事務所の人たちも先輩もまったく気にしている様子がない。だから定期的にここにお祓《はら》いに来ている人で、みんな見慣れているのかなと重則さんは思ったそうだ。

だが建物を出てから先輩に訊いてみると、そんな人は見ていないという。応対された場所からよく見える位置に立っていたのだから視界に入らないわけがないし、見間違いということもありえない。腑《ふ》に落ちなかったが、立場上それ以上のことは言わなかった。

先輩から引き継いでその事務所に定期的に通うようになってからも、相変わらず神主のような人を見かけた。烏帽子《えぼし》をかぶり笏《しゃく》を手にして事務所の隅にじっと立っている。担当者と打ち解けて話ができるようになったあとで重則さんは恐る恐る「あの人は何をしているのですか」と訊いてみたそうだ。すると担当者はあっさりこう教えてくれた。

「いわば用心棒のようなものですよ。商売は理屈じゃない、運気が何より重要でしょう。悪いものに憑《つ》かれてから祓うより、睨《にら》みを利かせて寄せつけないほうが理に適《かな》っているという社長の考えでしてね。ああやって常駐してわが社を守ってもらっておるわけです」

納得のいく話ではなかったが一応すっきりして、自分だけに見えているものではなかったんだなと重則さんは安心した。

ところが次にその事務所を訪ねると神主のような人の姿がどこにもない。初めてのことだったので驚いて、さっそく担当者に理由を訊こうとしたら「今日もしっかり睨みを利かせてくれておるでしょう？　わが社は安泰ですよ」とまるであの人がいつもどおりそこにいるかのように語るので、重則さんは疑問を飲み込み曖昧《あいまい》に話を合わせるしかなかった。

以後はいつ訪れても神主のような人の姿を見かけることはなかったそうだ。

だが担当者は時折その人のことを普通に話題にしてくるので、重則さんは混乱した。はたして神主のような恰好の人はそこにいるのかいないのか。もしかして今では自分にだけあの人が見えていないのではないだろうか。

後日、会社の経営状態が悪化したらしくその事務所は閉鎖されてしまった。重則さんはもう行かなくていいと思うとなんとなくほっとするとともに、神主のような恰好の人が見えなくなったことと、事務所の閉鎖はやはり関係があるのではと思っているそうだ。

第6話

# 小鳥の置物

Yさんの古い知り合いの家族の話。

益枝さんは玄関に白い小鳥の置物を飾っていた。

どこで手に入れたのか覚えていないが、十代の頃から持っていたものだ。引っ越しの際に出てきて懐かしくなってシューズケースの上に飾ったのだという。

だが夫と娘からの評判はよろしくなかった。陰気な顔をした鳥だなとか、目つきが怖いねとか散々な言われようだった。それでも益枝さんは気にせず飾り続けた。

ある朝、益枝さんと夫が朝食をとっていると娘が起きてきた。

そしていきなり玄関を指さして「あの鳥、捨ててもいい？」と言い出す。

何事かと理由を訊けば、夢に玄関の小鳥の置物が出てきて、

「明日は雨を降らせることにしたよ、それもザーザー降りの雨」

と愉快そうに話しかけてきたのだそうだ。

明日は運動会で、リレーの選手に選ばれた娘にとっては晴れの舞台だ。何日も前から、子供部屋の窓の幅いっぱいに並べるほどの数のてるてる坊主をこしらえている。

その運動会を台無しにすると宣言されたわけだからショックだったのだろう、泣きそう

な顔で「捨てていいでしょ？」とくりかえす。

何馬鹿なこと言ってるの、夢の話でしょうと益枝さんは取り合わなかった。だが娘があまりに何度も懇願《こんがん》するので、

「わかった。ママが捨てておくから安心してね」

そう言って娘を学校へ送り出したという。

だが益枝さんは小鳥の置物を捨てずに、夫婦の寝室の押入れの中にある雑貨ケースにしまい込んだ。娘が忘れた頃にまた玄関に飾ろう、と思っていたそうだ。

翌朝目覚めると雨の音がしていた。昨日の天気予報では一日中曇りと言われていたが、予報が外れることとくらいはよくある。娘が起きる時刻には土砂降りの雨になっていた。

けれど娘はいつまでたってもリビングに姿を見せない。

子供部屋を見にいくと寝床は空で、押入れやトイレにもいない。外に出た形跡はないからとベランダを見たがやはりいない。もう一度寝室の押入れを見たとき、もしやと思って益枝さんは雑貨ケースの蓋を開けてみた。すると中にはぬいぐるみのように体を折りたたんだ娘がぎゅうぎゅうに収まり、口の端に血をひとすじ垂らして冷たくなっていた。

喉に白い小鳥の置物を詰まらせていて、窒息死だったという。

第7話

# 坂

仕事帰りの夜道で、長い上り坂に差し掛かった。美菜子さんは坂の上に見えてきた自宅マンションを目指して歩いていく。近くに見えて意外と遠い。まだ五分以上歩くのだ。

視線を道にもどしたとき、坂を何かが転がり落ちてくるのが見えた。

街灯が古いので光が足りないが、なんとなくシルエットはわかる。人間の手首みたいだなと思う。まさかね、と思いながらじっと見ていたら、やがて近づいてきたそれはたしかに人間の手首だった。

マネキンの手首だろう。すぐにそう思ったものの、それにしてもあんなにコロコロと見事に転がり続けるものだろうか。たとえうまく転がったとしても、形状的に左右どちらかにカーブしてしまうはずだ。でもあの手首はまっすぐに、車道のセンターラインに沿って転がってきている。

手首はどんどん近づいてくる。美菜子さんの歩いている歩道とは距離があるが、それでもあんまり近づきすぎたら無関係ではいられなくなる気がする。すれ違ってしまったら、その瞬間こっちの存在に気づかれてしまうのでは。

はっ、何言ってるんだ。あれはマネキンの手首でしょ、気づくも気づかないもない。そう自分に言い聞かせても、今ではもう足がすくんでしまっている。脇道はないし、どうしよう、道を引き返そうか？　そう思ったとき、手首がふっと見えなくなった。

ちょうど街灯の真下だったので、暗闇にまぎれたというのではない。むしろセンターラインの白さに溶け込むようにして消えたのだ。

息を切らして帰宅した美菜子さんを見て夫は首をかしげている。彼女が今見たものを興奮して語ると、「空き缶か空き瓶が転がるのを見間違えたんでしょ、あそこ街灯が暗いからね」と笑われる。絶対に見間違いじゃないと主張しても軽く流されてしまった。

夫はオカルト的なことに全然関心がない人だった。美菜子さんは腹が立ったけれど、おかげで恐怖心が少し薄れ、自分でもしだいに錯覚だったんじゃないかという気がしてきた。

だが十日ほど後に今度は夫が顔色を変えて帰宅した。彼も坂を転がり落ちてくる手首を見たというのだ。だが何かの空き容器に違いないと信じきっている夫は、自分から近づいていって足で止めようと試みた。すると手首は「くにゃっ」とした感触とともに靴の上を転がりながら乗り越え、そのまま消えることなく坂を下っていった。

しかも靴を乗り越えるとき、指を使って器用に靴紐をほどいていったそうである。

# 第8話　ヒザグモ

　奈織美さんの娘が小学生のとき、遊びから帰ってきてこんなことを言った。

「アユちゃんの家すごく変なんだよ」

　アユちゃんというのは最近同じクラスになったばかりの大人しそうな女の子だ。

「友達の家のこと、変だなんて言っちゃダメじゃない」

「ほんとに変なんだもん。だって二階しかないんだよ？」

「そんなはずないでしょ」

「嘘じゃないもん。玄関入るでしょ、そしたらすぐ階段があって上るの」

「一階にはよその人が住んでるんじゃないの？」

「ちがうよ、一階は廊下も窓も全部板でふさがってるから、誰も入れないんだって。お風呂とトイレは一階しかないから、アユちゃんたちトイレもお風呂も行けないんだよ」

　公園のトイレ使ったり、銭湯でお風呂に入ってるんだって、と真面目な顔で言う。

　たとえば一階の床が腐っていて危険だから、修理するまで一時的に二階に避難して生活しているのだろうか？　そんなふうに奈織美さんは想像した。

　なんだか妙に心に引っかかる話ではあるが、在宅の仕事と家事が忙しくて生返事で聞いているうちに娘はテレビゲームを始めてしまい、その話題は打ち切られた。

それから二週間ほど経ったある日、遊びから帰宅するなり娘は興奮した口調で話し出す。

「ねえねえ、アユちゃんの家こないだと反対になってたよ！」

「反対ってどういうこと？」

「こないだは二階しかないって言ったでしょ？　今日は階段が板でふさがって二階に行けなくて、一階だけになってたの」

娘が言うには、どうやらアユちゃんの家は半月ごとに生活の場を一階と二階で入れ替えて、たとえば一階で暮らす期間は二階を完全に立ち入り禁止の状態にしているらしい。

「ヒザグモっていうお化けが一階と二階、時々移動するんだって。だからアユちゃんとパパとママはヒザグモがいないほうに逃げるの。そうしないと大変なことになるみたい」

ヒザグモが何なのか娘はわかっていない様子だったが、アユちゃんのパパとママはともに両脚の膝から下を事故で失っていることを、奈織美さんはのちに知ることになる。

高校生のアユちゃんが踏切事故で膝から下を失うのは、それから九年後のことだ。

第9話

# ムクロ投げ

孝樹さんの母親の生まれた家ではムクロ投げと呼ばれる慣習があった。若くして命を落としたり、この世に大きな未練を残しているとみなされる死者が出たときには、その人を模した人形を高いところから穴に投げ落として埋めることで、この世への思いを封じ込めるという意味合いのものだったらしい。

母親の知る限りは木の人形が用いられていたが、かつては故人の亡骸《なきがら》そのものを墓穴に投げ落とす儀式だったと言われている。

幼い頃に母親は、伯父が亡くなってムクロ投げされるところを見た記憶があるそうだ。三十代の若さで自死した伯父の葬儀は旧家にしては控えめなものだったようだが、ムクロ投げの際はさらに人が少なく、早朝から家族だけで執り行われた。

子供の足ではなかなかしんどい距離を歩いて、山の中の少し開けたところへ出ると、そこにはすでに深い穴と櫓《やぐら》のようなものが用意されていた。

生前の伯父の服を着せられた人形は、一緒に山に上った大人たちが担いでいたらしい。それを父親や祖父、叔父たちが協力しあって櫓の上へと持ち上げる。お坊さんは同行していなかったと思うが、大人たちはお経のようなものを短い時間唱え、その後、いきなり人形が穴へと投げ落とされた。

人形といってもただ丸太をそれらしく組み合わせた案山子《かかし》のようなものだ。だが母親はそのとき穴に落ちていく伯父と目が合ったことを覚えている。

幼いながらにそれが丸太だと母親も理解していた。しかし空中で首をよじるようにして優しかった伯父の顔が現れ、じっと自分の目を見たのがはっきりわかった。

人形を埋め終えて山を下るとき、母親は親にそのことを話した。だが大人たちは笑って聞くだけでまともに取り合わなかった。

その日の晩から家ではちょっとした騒ぎが始まることになる。もともと人の出入りの多い家だが、葬儀のせいでさらに人目は多くなっていたはずだ。ところがほんの短時間無人になっていた台所や仏間、納屋などがめちゃくちゃに荒らされることが続いたのである。

また家の壁に長々と落書きもされていたらしい。異様な達筆で文字らしいものが書き連ねられていたのだが、なぜか誰も読める者がいなかったようだ。

母親はこの騒動は伯父が暴れているのだと確信していた。その証拠に四十九日を境にぴたりと止んだし、騒ぎの最中に時折、頭を優しく撫でていく手のひらを感じたという。

## 第10話 リンゴの芯

歯科助手の桂香さんから聞いた話。

四年ほど前、押入れから冬物の服を出していたらコートのポケットに何か入っているのに気づいたという。

取り出してみると干からびたリンゴの芯のようだった。一個のリンゴをまる齧《かじ》りして最後に残ったような形の芯。最近リンゴをそんな食べ方をした記憶がないし、ポケットに芯をしまった覚えもない。そもそもシーズンが終わるとコートはクリーニングに出したので、何か入っていたらそのとき取り出されているはずだ。

では、クリーニングからもどってきてから入り込んだということか。

そうなるシチュエーションがどうしても思いつかず、「まあ、どのみちリンゴの芯だもんな」と思った桂香さんはそれ以上、原因を追究するのはやめて忘れることにした。

「で、完全に忘れてたんですけど、私二週間くらい前に靴を買ったんですよ。店で試し履きして、その靴が箱にもどされるのもちゃんとこの目で見ました。それを持って帰って家で履こうとしたら爪先に何か詰まってたんです」

靴を傾けトントンと叩くと手のひらに転がり出てきたのはリンゴの芯だったという。

「やっぱり干からびてて、干からび具合も以前コートのポケットに入ってたやつとそっくりでした。何かの間違いで入ったとしても試し履きのときに気づいてますよね？　だからありえないはずだし、二度目だし、これはちょっとなんかおかしいぞと思って」

なぜか桂香さんはその芯をラップに包んで自宅の仏壇に〈お供え〉したらしい。

「死んだおばあちゃんが何か教えてくれるかもって期待したんですよね。でもおばあちゃん、夢に出てきてくれませんでした。代わりに猿みたいな男がリンゴを木からもいでひたすら食べてるだけの夢を見て。その男の顔はなぜかラップでぐるぐる巻きにされてました」

朝起きると仏壇の前にラップだけ残して中身の芯が消えていた。

家の人たちはみんなそんなの知らないと言う。

「だからたぶんおばあちゃんが持っていって、今調べてくれてるところだと思うんですよね」

そう桂香さんは微笑《ほほえ》んだ。

## 第11話 アイマスク

雪穂さんの彼氏は部屋の電気を点けていないと眠れない人で、雪穂さんは逆に暗くないと眠りが浅くなるという人だった。

だからお互いの部屋やホテルに一緒に泊まるとき、彼女はアイマスクを使うことにしていたそうだ。

最初はつぶらな両目の絵の描かれたコミカルなアイマスクをつけていたが、彼氏に怖いと言われたので黒い無地のものをつけるようになった。

つきあってちょうど一年経った記念に、連休を使って京都に旅行をしたときのこと。いつものように部屋の明かりは点けたままベッドに入り、雪穂さんはアイマスクを着用した。一日歩き通しだったうえ酒を飲んでいたので、すぐ眠気が襲ってくる。うとうとしているとアイマスクを上から指で撫でられる感触があった。彼氏だなと思い、撫でられるにまかせていたが、両目の上をつーっ、つーっと往復するのがちょっとしつこくて、眠りの妨げになる。やめてよ、と優しく言ったが指の動きが止まらないので、手をつかもうとしたら空振りした。

えっと驚いてアイマスクを外すと、彼氏は隣のベッドで気持ちよさそうに寝息を立てている。じゃあ今の指は何⁉　とにわかに背筋が寒くなった雪穂さんはあわてて隣のベッドに潜り込み、彼氏を揺り起こそうとした。だが彼氏は「わかったわかった」と寝言で応じるばかりでいっこうに目を覚ましてくれない。

煌々《こうこう》と明かりの点いた部屋に自分たち以外の人影はなく、いわゆる霊感が皆無の雪穂さんはべつに嫌な空気とか気配を感じるというのでもなかった。ただアイマスク越しに両瞼《まぶた》を撫でる指の感触ははっきり覚えていて、それが男性の人差し指だったことまでありありと思い浮かべられたという。

結局一睡もできないままスマホで今いるホテル名と「幽霊」「指」「事件」などのキーワードで一晩中検索し続けたが、めぼしい情報は何も得られなかった。

この晩以来雪穂さんはアイマスク恐怖症になり、部屋は照明が眩しいくらい点けっぱなしでないと眠れない人になった。

そして眠っているときに顔を撫でることは絶対にやめてねと彼氏には伝えてあるそうだ。どんなに熟睡していても、一瞬で飛び起きてしまうからである。

# 第12話 アオヤマ

猛さんは以前バイト先でアオヤマという男と知り合った。アオヤマは中年フリーターだがかつてグラフィックデザイナーを目指していて、美大生時代にはM市の市章のコンテストに応募して見事採用されているらしい。その後不幸な事故に遭い、利き手が少し不自由になったことでデザイナーへの道は断念したという。

「だから世に出た私の唯一の作品がM市の市章なんですよ」

そう誇らしげに話していた彼が印象に残り、猛さんはM市に行くたびマンホールの蓋などに刻まれた市章を見てアオヤマのことを思い出していた。

すると不思議なことに、M市を訪れたその日のうちにきまってアオヤマからメールが届くのだ。もう十年近く会っていないしふだんは連絡も取り合っていないのに、突然向こうからメールが送られてくる。今日所用でM市に行ったんですよ、と返信すると相手も驚いている。ただなんとなく「どうしてるかな」と思ってメールしただけだという。

そんなことがたびたびあって、その都度互いに驚きあっていたが実際に会いましょうという話にはならなかった。メールでもとくに話すことはなく、やりとりはすぐに途切れてしまう。そしてまた数か月後、時には一年以上のちに猛さんがM市を訪れたとき、アオヤマから「最近どうしてる?」という簡単なメールが届くのだ。

だがあるとき猛さんはふと気になってM市の市章のことを調べてみた。すると市章が制定されたのは猛さんが生まれるずっと前のことで、アオヤマも生まれていないはずの年だった。当然彼の作品のはずがない。つまり市章のデザインが採用されたという話は、完全に彼の虚言、つくり話だったということだ。

今度アオヤマからメールが来たらなんて返事をしようか。そう迷う猛さんだったが、以後はM市を訪れてもアオヤマからメールが届くことはなくなった。こちらから連絡を取る気もしないが、どこかで元気でいてくれたらいいと思うとのことである。

第13話 居酒屋の貼り紙

友人の親戚が開業した居酒屋を紹介されて、信郎さんは頻繁《ひんぱん》に通うようになった。ある日出張からの帰りがたまたま通り道だったので、信郎さんは同行していた後輩をその居酒屋に連れていった。すると後輩もそこをとても気に入ったようで、いい店教えてもらいました、今度彼女と来てみますと喜んでいた。

しばらく経った頃、信郎さんはふと思い出して後輩に訊ねた。

「あの店、彼女と行ってみたかい？」

すると後輩は、ええ行ってみたんですけど臨時休業で入れなかったんですよ、と顔を曇らせる。

「そりゃタイミング悪かったたな、おれなんて五年通ってて一度もそんなことないのに」

信郎さんが答えると、後輩は微妙な表情で聞いている。

後輩の話では今まで三度その店を訪ねてみて、三度とも臨時休業、とくに三度目などは事前に電話で確認までしたのに行ったら閉まっていたというのである。

今度は信郎さんが微妙な顔になった。あそこの店主はそんないい加減なことをする人ではないはずだし、数年間通って信郎さんが一度も臨時休業に当たらなかったのも事実である。

じゃあ今夜一緒に行ってみないかと後輩を誘ったが、用事があるからと断られた。そこで信郎さんは仕事を終えると一人でその居酒屋に向かう。駅を出て路地を五分ほど歩くと、はたして店は明かりを落としていて、ドアには臨時休業の貼り紙があった。しかたなく帰ろうとしたが、何かひっかかるものを感じた信郎さんはその場で店に電話を入れてみた。すると店主が出て、店は営業中ですよと答える。たしかに電話からは店内のざわつきや有線放送の音楽が聞こえてくる。でもここから店内を覗くと真っ暗だし、ドアも開かなかった。

そう返答すると店主は困ったような声で、

「店の前にいらっしゃるんですよね？　ちょっと待ってください、今迎えにいきます」

そのように言って電話が切れたので信郎さんは待ったが、いつまで経っても入口からも裏口からも人が出てくる気配がない。信郎さんは腹を立てて帰ってきてしまった。

それきりその居酒屋には行かなくなったのだが、足繁く通っていた頃に一度不思議なことがあったのを思い出した。ある晩会計を済ませ店を出ると、ドアのすぐ外に人が立っていたので慌ててよけようとしたところ、よけきれずぶつかると思った瞬間、相手はかき消えていたのだ。酔っぱらって幻を見たものと思い込んでいたが、もしかしたらあれは臨時休業の貼り紙を見て立ち尽くす人だったのかもしれない。

第14話　大きな手

以前、美琴さんが不動産屋で働いていたときにナンパというかセクハラというか、毎回冷やかしにくるだけの高齢男性がいた。

他の従業員に代わるとすぐ帰ってしまうが、他の人は忙しく彼女だけ手が空いているようなタイミングを狙ったようにやってくる。いちおう部屋を探しにきているというタテマエなので無下に扱うわけにもいかず困っていたという。

ある日訪れた男性はいつもと違う神妙な顔で「××コーポっておたくが管理してるんだよなあ」と言った。「あそこ取り壊してくんねえかな」

「はあ?」美琴さんは思わずそう言ってしまう。

「無理なら一〇二号室だけ壊してくんねえか。そんなことできねえか、じゃあ窓を板でふさぐんでもいいや」

男性は真面目な顔で続ける。

「あそこいつもでかい手がゆらゆらしてて怖《こえ》えんだよ」

話をよく聞くと、犬の散歩で××コーポの前を通るといつも一〇二号室の窓から、窓枠一杯の大きさの手が中で振られているのが見えるのだという。

「前、通んなきゃいいんだけどな。うちのコロがどうしてもあの道通りたがるんだよ。たぶんありゃ手に呼ばれてると思ってんだな……」

美琴さんが困惑して曖昧な返事をしていると、男性はあきらめたような目になってため息をつき、帰ってしまった。

数日後、店の電話が鳴ったので美琴さんが出ると「あんたら何もしてくれねえから、コロ死んじまったよ！」そういきなり怒鳴り声がして電話は切れた。

以後、その高齢男性が来店することはなくなったそうだ。

ちなみに問題の部屋はたしかに美琴さんの勤める不動産屋で管理していたが、事故物件の類ではなかったそうである。

第15話 カーテンをめくる子

今から十一、二年前、崇恵さんの友達が腎臓を悪くして入院したことがあった。見舞いに行くと友達は意外と元気そうだったが、談話室でおしゃべりをしているとこんな話を打ち明けてきた。

「ベッドにいると時々カーテンめくって覗いてくる子供がいてね、小学校上がるかどうかっていう女の子。何か探してるみたいにきょろきょろしてるから、どうしたの？　って声かけるとすぐいなくなっちゃうの。今日もさっき来たんだけど、別に悪いことするわけじゃないし、その子も入院してて退屈なのかなって思って看護師さんに訊いたのね。どこの部屋に入院してる子なんですかって。そしたらなんだか微妙な反応っていうか、私がすごく変なこと訊いたみたいな顔されて。気になって同じ部屋の患者さんにも確かめてみたけど、そんな子供見たことないって言われちゃったの」

だから幻覚でも見てるのかなって自信なくなっちゃった。そういう副作用のある薬使ってないはずなんだけどね、と不安げに笑っていたという。

女の子は右腕に包帯を巻いているらしい。ただ入院中の子にしては包帯が汚くてちゃんと交換されているか疑問で、少し嫌な臭いもするのだという。

崇恵さんは内心、それってこの病院で死んだ子供の霊……と思ってしまったが、友達の様子から見てたぶんその可能性に怯えて、否定してもらいたいのだろうと察したそうだ。

「入院中の子とは限らないんじゃない？　見舞客が連れてきてる子か、患者の家族なのかも。たぶんめくるのはいつもあなたのカーテンだけで、だから他の人は気づかないんだよ」

そう崇恵さんが話すと、そうだよね、と友達は少し安心したような顔になったという。


思いのほか長い入院になり、入院中に東北の震災が発生している。都内にあるその病院もかなり揺れ、一時は患者たちがパニックになったと退院後に友達が語ったそうだ。

その揺れのさなかにも友達は、カーテンをめくって覗き込む子供の姿を見たと語った。

子供は揺れにまったく気づいてないかのようにいつもとまったく同じ様子できょろきょろと見回し、すぐに首を引っ込めてしまった。

「危ないからここにいなさい！」

そう叫んで友達がすばやくカーテンをめくると、子供の姿はどこにもなかった。

以後、退院までその子が姿を見せることはなかったそうだ。

## 第16話　カタクリコ

陽代美さんは八歳くらいのときに遠い親戚のおばさんに誘拐されたことがある。

家で留守番していたら顔見知りのおばさんが訪ねてきて「パパにお小遣い預かったから、何でも好きなもの買ってあげる」と言って彼女を連れ出したのだ。

メンタルの不安定な人で陽代美さんを自分の子供だと思い込み、ゴミ屋敷化した自宅に連れ込んで手作りの服を着せているのを数時間後に発見された、と彼女は後年親から説明された。だが陽代美さん自身の記憶はそれとはだいぶ食い違っているそうだ。


陽代美さんによれば、おばさんは彼女をバスに乗せると何度か乗り換え、最終的に〈カタクリコ〉というバス停で降りた。おそらくじっさいは違うバス停名で、似た響きの知っているものに置き換えて陽代美さんは記憶したのだろう。〈カタクリコ〉は寂《さび》れた港町のような場所で、船も海も見なかったが道端に時々死んだ魚が落ちていて腐臭を放っていた。

そんな路地をおばさんは奥へ奥へと進んでいく。かわいいキャラクター付きの文房具もお菓子も絶対売ってなさそうな町なので、陽代美さんは幼心に騙されたと思ったという。だが無言でぐいぐい手を引いていくおばさんが怖くて黙っていた。

やがて教会のような建物の前に出た。建物から神父さんのような服装の人が現れおばさんと会話している。だがその人は顔の真ん中に大きな目が一つだけあった。陽代美さんは恐怖で動けなかったが、おばさんは逃がさないためか彼女の手を握り潰さんばかりの強さで握ってくる。痛さと怖さで涙が出てきてしまう。すると神父のような人は心配そうにこちらを見て、おばさんを何か強い口調で叱りつけたようだ。その瞬間おばさんの手の力が緩み、陽代美さんは元来た道へと駆け出していた。

だがすぐに追いつかれたようで、うしろから抱きかかえられ体が浮いてしまう。泣き叫びながら逃げようとして暴れていると「もう大丈夫だからね」という優しい声が聞こえ、陽代美さんは自分が母親の腕に抱かれていることに気づいたのだ。

身内のことでもありおばさんの誘拐事件は警察沙汰にはされなかったようだ。陽代美さんが高校生のときにおばさんは亡くなったが、それまで毎年彼女宛におばさんから年賀状が届いていたことを陽代美さんは知っている。彼女に見せず両親がこっそり処分している その年賀はがきには、新年の挨拶のほかに必ず大きな目玉の絵が描かれていたそうだ。

# 第17話　ガッツポーズ

書店員の千弦さんの話。

昔の常連客のOさんという年配の女性が店を訪れた。おそらく顔を見るのは十年ぶりくらいだろう。夫の仕事の都合で他県に引っ越していったのだが、夫が急逝し一人暮らしになったのを機に、長年暮らして愛着のある町にもどってきたのだという。

「それで、前に住んでいた土地の写真を色々見せてくれたんですけどね」

南国らしい、大きなヤシの木が写った街並みの画像をスマホに次々と表示させ「ここをよく夫と散歩したんですよ」と周辺のお店の情報などとともに教えてくれる。

よさそうなところだな、遊びにいってみたいなと思いながら見ていると画像が室内に変わった。

「亡くなった旦那さんの写真かなと思ったんです。白髪の男性が籐椅子に腰掛けて新聞を広げて、その足元に白い小型犬がうずくまってるんですけど」

男性の背後の大きな窓からこちらを覗き込んでいる人がいた。褐色のハンチングをかぶった男が片手に藁人形らしきものを掲げ、もう片方の手でガッツポーズを取っている。

しかもシャッターのタイミングのせいか男は白目をむいて下唇を思いきり突き出していた。

「すごく気になる写真じゃないですか？　でもOさんその画像はただ無言で表示だけさせて、気になって私が質問しようとしたとたん別の画像に変えて、すぐそっちの解説始めちゃったんです。だから訊くタイミングを逃しちゃって」

それからはどんな画像を見せられても、さっきのハンチングの男が気になって集中できない。ひと段落してOさんがスマホをしまおうとしたとき「さっきの写真……」と訊こうとしたらちょうど客がレジに来てしまい、会計を終えたときにはOさんはいなくなっていた。

「なぜかそれきりOさん、店にいらっしゃらなくなってしまって。狭い町ですからどこかでお見掛けしそうなものなのに、それもなくて。代わりにと言いますか、写真に写ってたハンチングの男にそっくりの人が、よく店の前の歩道をうろつくようになったんです」

ハンチングの男はけっして店には入ってこないのだが、時々立ち止まってガラス越しに覗き込み、片手に藁人形、もう片方の手でガッツポーズを取っていることがある。

そのとき男は必ず白目をむき下唇を思いきり突き出しているので、

「あ、シャッターのタイミングのせいじゃなかったんだ」

そう千弦さんは思うのだという。

## 第18話 カンガルー

丈雄さんは定年退職してから酒量が増えて、ここ数年は毎日のように飲み歩くようになっていた。

ある晩近所のスナックを出て家に帰ろうとしたところ、道を間違えたのか見覚えのない狭い路地を歩いている。狭いうえに妙に曲がりくねっていて、左右には塀が続いて見通しが悪い。

息子夫婦に持たされている携帯電話があったので、迎えにきてもらおうと取り出した。だが画面が暗いままで反応しない。どうやらバッテリー切れのようだ。

時間が時間なので道を訊けるような相手も見つからず、うろうろと歩き回っていると道の先に誰かが立っているのが見えた。

よかった、あの人に訊こうと思って近づいていくと、どうも様子がおかしかった。人ではなく動物のようなのだが、丈雄さんの目にはそれがカンガルーに見える。カンガルーは顔を上げて丈雄さんを見据えるとはっきりとこう言ったそうだ。

「おまえの弟が今死にかけているが、どうする？　おまえも一緒に死ぬか？」

丈雄さんは驚いて返事をするどころではなかった。何を言われたのかさえよく理解できない。カンガルーはつぶらな瞳でじっとみつめてくる。そのときバッテリー切れのはずの携帯電話が鳴り出して、見れば自宅の電話からだ。

「おじさんが亡くなった」電話に出ると息子の声がそう言うのが聞こえたという。

丈雄さんの弟は今年定年を迎えたばかりで持病もなく健康そのものだと思っていたが、今夜脳出血で急逝したということだった。

わかった、今帰るからと丈雄さんが電話を切るのを見届けると、カンガルーはぴょん、ぴょんと跳ねて夜道を進んでいく。時折振り返るようなそぶりを見せるので、ついてこいと言っているように見えた。

カンガルーの後をしばらく歩いていくと知っている道に出て、そのときはもうカンガルーの姿はどこにもなかった。

丈雄さんはその晩の出来事を家族には話していない。話せば酒のせいで幻覚を見たんだ、酒をやめろと言われるのは目に見えているからだという。

でも丈雄さんは、帰り道を見失うような飲み方はしないように気をつけている。またあの動物に会ったら今度はどんな質問をされるか、考えると怖くてたまらないからだそうだ。

# 第19話　金の枝

十年ほど前のこと。旅行に出かける朝、晴菜さんが乗っているバスが渋滞に巻き込まれた。事故でもあったのか、いつもほぼ定刻通り走っているバスが路線の半分も行かぬうちにまったく動かなくなったのだ。

予定の電車にはもう間に合わないだろう。次の電車だとぎりぎり新幹線は間に合うが、その次ならもうアウトだ。そしたらせっかく取った指定席は無駄になり、後の便の自由席に乗ることになるが、連休初日だから相当混んでいるはずだ。バスは相変わらずのろのろとしか進まない。やきもきしているうちに時間は過ぎていき、次の電車も完全に間に合わなくなった。晴菜さんはがっくりしてすっかり嫌になってしまい、早起きしたせいか、現実逃避のためか、急に瞼が重くなってきた。

はっとして顔を上げると、まわりの様子が違っていたという。

窓の外の景色はすいすいと、うしろに流れていく。渋滞を抜けたにしてもスピードがありすぎる。見上げると網棚からはみ出ている自分のバッグが見えた。これは電車の中だ。しかもこの席の並びは？　窓の景色と座席まわりを確かめて晴菜さんは確信する、ここは新幹線の中だ。バスでうとうとしたところで記憶がとぎれているが、駅に着いて電車に乗り、新幹線に乗り換えるまでを寝ぼけながら無意識にやり遂げたということか。

　そんな自分に半ば呆れ半ば感心しながら、それにしても自分はなぜ座れているのだろうと晴菜さんは疑問に思った。自由席が案外空いていたんだろうか。なんとなく悪い予感がしてチケットを取り出して確かめると、車両と席が一致している。晴菜さんはあわてて腰を浮かせた。寝ぼけてたから後続の便の同じ指定席に座ってしまったのだ。正しいチケット持ってる人が乗り込んでくる前に自由席に移動しよう、そう思って網棚のバッグを下ろし、そもそも今は何時だろうと携帯で時刻を確認すると、もともと乗るつもりだった便でもおかしくない時刻を示している。

　そんなはずはない、と思って携帯で時刻表を検索してみたが、やはり乗っているのは予定通りの新幹線で間違いないようだ。

　バスの遅れぶりからしてあり得ないことだ。どうしたらそんなことが可能なのか。新幹線に乗るまでの経路をショートカットする方法は存在しない。頭の中でぐるぐる考え続けたが答えが出ないまま、やがて目的の駅に到着した。

　旅行のスケジュール表に書き込まれていた時刻ちょうどに、彼女はホームに降り立つことができたのだ。

　帰宅してからもどうしても気になってしかたない晴菜さんは、バス会社の営業所を訪ねてあの朝の遅延状況を調べてもらった。担当の人はとても親身になって調べてくれたが、当日朝に目立った遅延の記録はなく、時刻表通りに動いていたはずだと言われる。

晴菜さんが乗っていたはずのバスの運転手がたまたま休憩に入って営業所にいたので、本人とも少し話すことができた。「あの路線で渋滞ってまずありえないから、ちょっとでも道が詰まってたら覚えてるはずですよ」と言われてしまう。

つまりバスは通常通り空《す》いている道を走って予定時刻に終点の駅に着いた、ということになるらしい。そうであればその後のことは辻褄が合うのだが、大渋滞の記憶は勘違いとか夢だとかいうぼんやりしたものではない。それにバスの中で友人に送ったメールも残っている。友人はまだ寝ていたようでだいぶ後になって返信が来たが、晴菜さんのメールの送信時刻は八時過ぎで、予定通りならとっくに電車に乗っているはずの時間なのだ。

「その朝、バス停でバスを待ってるときにカラスが目の前をよぎったんですよね。一瞬だったけど、金色の木の枝をくわえてたように見えたんです。何かのディスプレイに使われてた枝かな、それをゴミ捨て場から拾ってきたのかもってそのときは気にも留めなかったんですが。なんとなくあれを見たときからおかしなものに巻き込まれたんじゃないかって気がしてます。時間の歪みっていうのかな、そういうのに巻き込まれるサインだったのかなって。……後付けというか、すごくこじつけみたいな話なんですけどね」

## 第20話 癖になるから

元コンビニ店員悠太さんの話。

「一年くらい深夜ワンオペやってた店なんですけど。夜中誰も客がいなくて品出ししてるときにドアの入店音が鳴って。見たら服装はちょっとおしゃれなサラリーマンみたいな小柄な男性なんです。すごいふらつく感じで歩いてるんですね。で、顔を見たら変なんですよ。寝てる人の瞼に目を書くいたずらがあるじゃないですか？　あんな感じの顔なんです」

「あきらかにペンで書かれた目で。酔っぱらってふざけてるのかな？　罰ゲームみたいなやつかと思って店の外を見たんですけど連れはいないみたいで。その客は一人でふらふら店内を歩いてるんです。厄介なのが来ちゃったな、絡まれたらやだなと思いながら品出し続けてたら足音が近づいてきたので、ちらっと横目で見たらその客の顔が思ったのと違ってて。えっと思って二度見して、そのまま凝視しちゃいました」

「その客の顔、ペンで書かれてるの目だけじゃなかったんですよ。のっぺらぼうの顔に目鼻口が案山子みたいに全部ペンで書き込まれてたんです」

「はっと気づいたらおれは控室に寝てました。すぐ傍に店長が立ってて、渋い顔で『あれ来ちゃったんだろう？　あのでたらめな顔のやつ』って言うんです。頷いたら『あれ来ちゃうともう駄目だから、悪いけど辞めてもらうことになるから』って。『きみ失神してたんだけどどうしてわかったと思う？　あれが店に来ると、なぜかおれの夢にも同じやつが現れるんだよね』って言ってため息ついて。店長の話だとあれを見るのは〈癖〉になるらしくて、仕事中に何度も見ることになるらしいんですね。他の客がいるときに来たらまずいから、一度見たバイトは辞めてもらうんだという話でした」

「退職金だから、って言って最後の給料はかなり上乗せしてくれました。辞めてもう七年かな、その間何度かあのでたらめの顔の男が夢に出てきたことあるんです。そのたびたぶん今あの店にあいつが来てバイトが失神してるんだろうなあ、って思ってますね。なんだかよくわからないけど、たぶんそういうことになってるんだと思いますよ」

## 第21話　首なきものたち

陽菜さんは二十歳のとき、新宿でナンパされて暇だったのでついていったという。するとビルの最上階にある薄暗いカフェのような所に連れていかれ「きみにはすごく邪悪な首のない霊が三体ついてる、そのままほっておくと大変なことになる」と脅された。げっ宗教かよ、と思った彼女がすぐ席を立つと、背後にいつのまにか二人の男が立っていて囲まれた形になった。だがみんないかにもひ弱そうな男ばかりだったので、陽菜さんが無言でにらみつけると何も手出しはしてこず、そのまま逃げることができたという。

それから陽菜さんは、夜道でたびたび背後からつけられていることに気づくようになった。見るといつも首のない人影が三つどこかに立っている。乗っているタクシーの外にずっと浮かんだままついてきたり、自宅マンションのエントランスに現れたこともあるという。

だが首がなくてもあの日カフェで囲まれた三人だということが、なんとなくおどおどした雰囲気でまるわかりだったそうだ。

「取り憑いてるぞって脅した悪霊を、自分たちで生霊になって演じてるのかな？　と思うんだけどそれって怖いっていうより面白かったですよね。そんなのありなのかよ？　って」

でも首のない生霊とかどうしたら飛ばせるんですかね？　と陽菜さんは真顔になった。

## 第22話 公園の女子トイレ

行成さんが小六のとき、班ごとの研究発表で行成さんたちは地元に伝わる怖い話を集めることになった。行成さんは同居している祖父母からちょっと話を聞いてまとめればいいやと思った。だが矢部さんという女子がやたらと張り切っていて、地元の古い家を片っ端から戸別に訪ねて怖い話を聞きとったり、怖い話の舞台になった場所をじっさいに訪れてレポートしようと言い出す。行成さんは現場レポートは怖いから絶対反対だったが、矢部さんと仲のいい女子たちに押し切られて決定してしまう。

さっそく週末に取材を開始すると、見知らぬ小学生たちの突然の訪問に驚きながらも、老人たちはみな親切に応対してくれた。とくにFさんという家の老夫婦はたくさんの興味深い話を教えてくれた。その中の一つが××公園の女子トイレの話だ。四十年ほど前に嬰《えい》児《じ》の遺体遺棄事件があったそうだが、不思議なことに事件以前から女子トイレで赤ん坊の泣き声がするという噂が絶えなかったというのだ。

まるで赤ん坊の泣き声が嬰児の遺体をその場に引き寄せたような奇妙な話だ。身を乗り出して聞いていた矢部さんは、Fさん宅を辞するとさっそく××公園へ行こうと言い出す。もう暗いから明日にしようよと行成さんは言ったが、この時間のほうが何か起きそうでいいじゃない？　とあっさり却下された。

夕闇の公園に着くと、トイレからぼうっと光が地面に漏れていた。怪異の現場は女子トイレだから行成さんたち男子は入れない。だが女子たちが踏み込もうとしたとき、トイレの照明が突然消えた。街灯はついているから停電ではないし、よりによってこのタイミングだ。真っ暗になった入口の前で矢部さん以外の女子は怖気《おじけ》づき、泣きそうな顔になっている。やっぱり明日にしようよと言い出した彼女たちに「あたしだけで行くからいい！」と宣言して勇敢にも矢部さんは一人で入っていった。

五分、十分と待っても矢部さんは出てこない。呼びかけても返事がないし物音も聞こえない。ちょっと見てこいよ、やだ怖いと言い合っていると、男子の一人が「見てよ！」と園内の反対側を指さす。出口近くのベンチに女の子が座っていた。そんな馬鹿なと思って駆け寄るとやっぱり矢部さんだ。トイレの出口は一つしかないから、行成さんたちの前を通らずに出られるはずがないのだ。どうやって外に出たの？　そう訊ねても矢部さんは返事に困っているようだ。暗闇に踏み込んだ瞬間から記憶がないらしい。さらに質問を続けようとすると突然女子たちに「男子は先に帰って！」と遮られてしまう。訳がわからぬまま行成さんたちは帰宅したが、そのとき矢部さんが失禁していたらしいことを後に知った。

第23話　サドル

三日連続の徹夜明け、というある種の極限的な精神状態での体験だという断りつきで廣孝さんが話してくれた。

まだ二十四歳という若さもあって、めちゃくちゃなスケジュールでバイトを入れた結果の三徹だったという。駅の改札を出た廣孝さんは意識が朦朧《もうろう》として、自分が自転車で来たことを忘れて歩いて帰りそうになった。

すぐに気づいて引き返し、駐輪場へと向かう。駐輪場の二階に階段で上ると、白いママチャリはすぐに見つかった。またがってスロープを下り「場内では自転車から降りてください」と管理人のおじさんに注意され、自転車を押しながら駐輪場の外に出た。大きなあくびをして、さあ帰るかとふたたび自転車にまたがろうとしたとき。

サドルに妙な皺《しわ》が寄っていることに気づいたという。

買って一年くらいしか経っていないのに、まるで何十年も乗り倒した自転車のサドルみたいな状態だ。誰かにイタズラされたのではないか。そう思って管理人のおじさんに言おうとして、もう一度サドルを見たら異変が見当たらない。ごく普通の状態の、買って一年未満の自転車のサドルだった。

幻覚だったのか？　やっぱり三徹はやばいな、と思いながらあらためてまたがって自転車を漕ぎ、自宅アパート近くの交差点で信号待ちをしていたとき。

尻の下がむずむずするので何事かと自転車を降りた廣孝さんは「嘘だろ」と声を上げた。

サドルが老人の顔になっていた。白い眉を神経質そうに上げ下げし、歯のない口をもぐもぐと動かしながら廣孝さんを恨みがましい目で睨み上げていたのだ。

「なんにもわからん馬鹿は、今に頭ぶつけて目を覚ますから見ておれ」

顔はネズミが喋ったようなキーキーした声ではっきりとそう言ったという。

そしてすぐさま顔ではない、ただの気味の悪い皺になった。

廣孝さんは呆然として脳が判断停止状態に陥り、スタンドを立てて自転車をその場に放置すると歩いてアパートに帰った。

ぶっ倒れるように眠って目が覚めたのは十二時間後。すでに外は暗くなっていた。自転車のことを思い出し、おそるおそる様子を見に行こうと玄関を出て廣孝さんは固まった。

愛用の自転車がなぜかアパートの駐輪スペースにきちんともどっていたのだ。

ただしサドルだけが取り外されていて、捜したけれどどこにも見つからなかった。

# 第24話 嫉妬

看護師の由紀乃さんから聞いた話。

幼い頃、由紀乃さんがテレビの子供番組を見ていたら二歳下の弟が出ていたそうだ。

大好きなキャラクターと一緒に楽しそうに歌い踊る弟の姿を見て、

「たっくんが出てる！　なんであたしは出れないの⁉」

そう彼女は泣き叫び、親が困惑していた記憶がある。たっくんじゃないでしょう？　と何度も言われたが彼女は間違いなく弟だと思ったという。

最近会ったとき、ふと思い出してそのことを弟に言ったら、

「おれも姉貴がテレビ出てるの見て、ずるいぼくも出たいって泣いたことある」

そうひどく驚かれてしまった。

お互い初耳だったので、同じ番組のことなのか確かめたかったが二人とも肝心の番組名が思い出せない。

おじいさんの顔をした蛇や、腕が何十本もあるお姫様の着ぐるみが出ていたのは覚えて

いるが、ネットで検索してもそんなキャラクターが出ていた番組はヒットしなかった。

話しているうちに弟は「番組の途中で、姉貴が姉貴にそっくりな着ぐるみに入れ替わってたのを思い出した」と言いだす。

十人くらい出ていた子供たちの中で、由紀乃さんだけが子供サイズの不気味な着ぐるみとすり替わり、さっきまでと同じ服を着て踊っていたのだという。

それを聞いた由紀乃さんは、自分も何かとんでもないことを思い出しそうな気がしてきてあわてて話題を変えたそうだ。

第25話 死んだ女

生前いろいろ問題ばかり起こした女が四十代で肝硬変《かんこうへん》で死んだ。その三回目の命日に、空き家になっていた女の家が不審火で全焼する。炎の中に岩のような巨大な影が揺らめくのが見えたそうで、それは死んだ女の顔だったといわれる。

季代美さんは一年前に近所に越してきたばかりだったので、スナックでその話を聞いた。生前の女と面識のあった客もその場に何人かいて、聞けば女は他人に対して妙にやさしいところがあり、そこがかえって恐ろしかったそうだ。

親切を装って車や家を取られた婆さんがいて、その人が失意のうちに死んでから「あの女の運気も落ちていった」のだそうである。女は死ぬ前に、死んだ婆さんが毎晩寝室に入ってきては変な踊りを踊ると言ってぼやいていたらしい。

婆さんは琉球舞踊の免状を持っていたので、その踊りのことなのだろうという話だ。

みんなどうやら、女の家が焼けたのも婆さんのしわざと信じているらしく、いわく「あのお婆さんは煙草屋だったから火をつけるのなんてお手の物だろう」とのことだった。

# 第26話　水槽

大学二年の夏休みに真穂子さんは幼馴染《おさななじみ》のSを新宿で見かけた。Sが東京に出てきていると知らなかったので、最初はよく似た男が歩いているなと思ったのだ。すると向こうもそう思ったようでちらちら目を上げて首をかしげている。声をかけたのは真穂子さんだった。彼氏とのデート中だったので、向こうからは声をかけにくいかなと思ったからだ。

その場ではただ手短に近況を話し、連絡先を交換した。Sは学生ではないと言ったから働いているのだろう。別れたあと彼氏にSとの関係を話す。近所に住んでいた一つ上の子で、中学生のとき沖縄に引っ越してしまったこと。スポーツが得意で少年野球チームのエースだったこと等々。

話しながら思い出したのだが、Sの両親は沖縄で自動車事故に巻き込まれて亡くなり、Sも意識不明の重体という話ではなかったか。あれは何年前のことだろう、その後のSのことを誰にも聞いた記憶がなかった。回復して今は東京に住んでいるということか。

事故大変だったねとか、何かひと言かけるべきではなかったかと真穂子さんは悔やんだ。だが再会時はとにかく驚きのあまりいろんなことが頭の中から飛んでしまっていたようだ。

アドレスは聞いたものの、なんとなくメールを出せないまま日々が過ぎた。Sのほうからも連絡はない。

後期の授業が始まって二週間ほどしたときのこと。キャンパス内を歩いていたら、ある校舎の陰に横長の水槽が二つ積んで置かれていた。理系の学部の実験に使われたものかな？　そう思ってなんとなく眺めると、上の水槽はそうでもないが下のはかなり汚れている。ガラスに内側から藻のようなものがたくさんこびりつき、汚れた水も溜まっているようだ。横を通り過ぎようとしたときその水槽からコンコン、と音が聞こえた。ガラスを叩いたような音だ。思わず立ち止まると、ふたたびコンコンという音が響く。真穂子さんがしゃがんで恐る恐る下の水槽を覗き込むと、緑色のどろっとした塊が動いて横向きの人の顔になった。

Sの顔だ。

気がついたときは中庭の人が多いところで息を切らせて座り込んでいた。

水槽は人が横たわるのが不可能な大きさだった。だがはっきりSの顔と、肩や両腕、それにシャツの胸ポケットまでが緑色の水の中に浮かび上がるところを見たのである。

郷里の人たちに連絡を取ったが、誰もSの近況については知らなかった。

携帯にメモしたはずのSのアドレスと電話番号はどうしても見つからなかったという。

## 第27話　時計の音

歯科医の博康さんから聞いた話。


中学生くらいの時期って、親の手づくりのおやつとかが一番耐えられないじゃないですか？　友達が遊びに来た日にそんなの出されたら最悪でしたよね。なんか無性にイライラして、余計なことすんなよ！　って親のこと怒鳴りつけちゃったりして。

でも中三のとき同じクラスだったUってやつは違ったんですよ。

Uの家に遊びにいくと、毎回母親の手づくりのクッキーとかババロアとかいちご大福とか出されるんですよね。部屋まで持ってきてくれるんだけど、Uは素直に「ありがとう」なんて言っちゃって、食べ終えた後、片づけに来た母親には「今日のもおいしかったよ」なんて声かけるんです。

家によってずいぶん違うもんなんだな、って思ったもんです。

反抗期がないっていうのかな。友達に親を見られただけで顔から火が出そうだったおれなんかから見ると、Uの家は異様に素直でまっすぐな感じの親子関係でした。

だけど、ある日Uの家に遊びにいくといつもと様子が違ったんです。

両親が法事で留守だっていうのは聞いてたけど、家の中が静かで人の気配がしないとか、そういうのとは別になんかいつもと感じが違うんですよね。

ふと気づいたのは、なんか時計の音が異様に大きく聞こえてくるんです。カッチ、カッチってどこかでずっと秒針だか振り子だかの音がし続けてて。これってどこにある時計の音なの？　ってUに訊いたけど、大きい音のする時計なんてうちにないよ？　っていう返事で。いやいや、こんなにはっきり聞こえるでしょって言うと、困ったような顔してたからそれ以上訊くのはやめたんですけど。

それからいつものようにUの部屋でゲームしたり、高校どこ受けるつもり？　みたいな話をだらだらしてたら、部屋のすぐ外でカッチ、カッチっていう例の時計の音が聞こえてきたんです。

二階にあるUの部屋に入ってからはずっと聞こえてなかったから、時計は一階にあるんだなって納得してたんですよ。それが急にまた聞こえてきたってことは、時計が自分で階段上ってきたみたいじゃないですか。不安になってUの顔を見たけど、やっぱり聞こえてないみたいにキョトンとして首をかしげてる。でもおれにしたら確実にドア一枚隔てた向こうに時計があるとしか思えないんで、ドア開けて確かめようとしたんです。

すると、まだ立ち上がる前にドアがひとりでに開いたんですよね。

えっと思ったら、時計の音がひときわ大きくなって、廊下にはUの母親が立っていたんです。

「ああ、おかあさんもう帰ってきたんだね」

そうUは言ったけど、なんかすごくわざとらしい芝居がかった口調なんですよ。

母親のほうはいつもの快活な雰囲気とは別人みたいに無表情で。法事に行ってたはずなのに喪服じゃなくて、くたびれた赤いカーディガン着てるし。

そして時計のカッチ、カッチっていう音が母親の胸のあたりから聞こえてるんです。

母親は手ぶらだったしポケットとかに入るような時計の音じゃないんですよね、なのに一定の間隔でカッチ、カッチっていう音がし続けていて。

あ、なんかこれってUの母親の心臓の音みたいだ。

ふとそう思ったら急にものすごく怖くなって、帰りたくてしかたなくなったんです。

おれもう帰るわ、って声かけてもUは返事もうなずきもせず母親のこと見つめたままで。

なんか今まで見たことないような卑猥《ひわい》な表情っていうのかな。漫画の痴漢みたいな顔になってたんで、駄目だこれ以上いられないって思って、そのまま逃げ帰ってきちゃいました。

それから卒業するまでUとどういう関係だったのか、実はあまりよく覚えてないんです。教室では何事もなかったように普通に接してた気もするんだけど、どうだったんだろ。ただ、あの後しばらくの間、Uは学校に来なかったんです。それでUのお父さんが亡くなったっていう話を後から担任に聞かされたんですよね。

そのことを知ったときおれ、あの日Uが言ってた「両親は法事で留守」の法事って、実はお父さんの葬式のことなんじゃないかって思ったのをよく覚えてるんです。赤いカーディガン着て帰ってきたUの母親はUの父親、つまり自分の夫の葬式に出て帰ってきたところだったんじゃないかって。なんか胸にストンと落ちた気がしたっていうか。

そんなわけないし、全然辻褄《つじつま》の合わないめちゃくちゃな話なんだけど、なんかいったん腑に落ちるとおれにはもうそうだとしか思えなくなっちゃって。

だからもちろん、Uの家にはその後二度と遊びに行くことはなかったんですけど。

なんか夢でも見てたみたいな変な体験なんだけど、時計の音は三十年近く経った今もすごく苦手ですね。だから音のする時計は自宅にもクリニックにも一つも置いてないんです。

## 第28話 なまくび山

初めて来てみた市役所の展望室。

眼下におもちゃのような街並みがひろがる。

街はずれに、駱駝のこぶのように二つならんだそっくりな禿山《はげやま》。

「あんな山あったっけな？」

無意識につぶやくと、傍にいたおばあさんが話しかけてくる。

「右がなまくび山、左がなまくび山だよ」

「えっ、どっちも同じ名前じゃないですか」

思わず吹き出してしまってから横を見ると、おばあさんがいない。

まばらな見学者たちが遠くからこっちをじろじろ見ている。

唾を飲み込み、窓に目をもどすと、山がどこにも見当たらない。

第29話 早口

会社員の理さんは副業でネット通販をやっていて、倉庫としてマンションをひと部屋借りている。これが事故物件なのだという。

住むわけじゃないからと思って殺人事件のあった部屋を安く借りたのだが、夜中に作業していて眠くなり、この部屋で仮眠するといつも怖い夢を見る。無表情で口だけすごい速さで動く女につきまとわれるという夢だ。

女はずっと何かを執拗に訴えてくるが、早送りしたみたいにキュルキュルした音しか聞こえない。聞いているとだんだん腹が立ってきて、理さんも女に言い返す。するとすごい早口になって、自分の口からもキュルキュルキュルという音が聞こえる。

夢を見るたびキュルキュル、キュルキュルとやり合っていたら、ある日知り合いに「あんた最近早口すぎてキュルキュル言ってるようにしか聞こえないんだけど」と気味悪そうに指摘された。

まったく自覚はなかったそうだ。

## 第30話　原くん

Ｋ病院は経営が破綻し放置された状態で十数年経っていた。

咲月さんは小学生の頃この建物の前を通ったら「ばーか」と声が聞こえた。見ると三階か四階の窓から人が覗いていて、パジャマ姿で「メイクでつくったみたいな固定した笑顔」でこっちを見ていたという。

「家に帰って母親にそのこと話したら『どっかの不良が入り込んでいたずらしてんだよ、相手にしなさんな』と言われました。そのとき病院は地元ではちょっとした心霊スポット扱いされてたみたいなんですよね」

近所だったから遊びにいく場所によっては病院の前を通ることになる。たぶん数週間後に咲月さんがその道を自転車で通るとまた頭上から声がした。

今度は「こないだはごめんね」という優しい声だったので、自転車を止めて見上げたらやはりパジャマ姿の人がいた。ただ先日とは違って自然な表情で、高校生くらいの女の人に見えたという。

「急に謝られたからびっくりしちゃって、どうしたらいいかわからずもじもじしてたんです。そしたら同じクラスの原くんっていう男の子が偶然通りかかって、クラス委員やってる賢い子なんだけど『あれは幽霊だよ』って小声で教えてくれたんです」

幽霊だからまともに見ちゃだめだ。取り憑かれないように目をつぶって手を合わせて、成仏してくださいって祈りな。そう言われるままに咲月さんが手を合わせて祈ると「ぼくがいいっていうまで祈って」と原くんの声がする。幽霊は怖いので賢い原くんにすがるしかないと思い、咲月さんは「どうか成仏してください」と心から祈り続けた。

だがいつまで経っても原くんのOKが出ないので、そっと目を開けてみるとまわりには誰もいない。窓の女の人もいつのまにかいなくなっていた。

翌日学校で原くんに「昨日はなぜいなくなったの?」と訊ねると、怪訝《けげん》な顔をされる。

病院の前には行ってないしそんなアドバイスもしてない、と怯《おび》えた目で言われたそうだ。

## 第31話　バリカン

東京で買ってきたものを自慢したがる人だった。地元でも普通に売っている小型家電や電動工具、それに缶詰やレトルトなどの食料を、東京に行ったときにわざわざ買ってくる。たくさんの紙袋を抱えて帰ってくるし、持ちきれない分は宅配便で家に送る。だから多少安い買い物ができても送料で相殺されてしまう。それなら地元の店で買うか初めから通販を利用すればいいのだが、本人は「東京で買う」ということ自体に価値を置いているので、何を言われても聞く耳を持たない。

丈之さんの父はそういう人だった。妻を亡くして一人になってもそれは変わらなかったようだ。

一人息子の丈之さんは時々様子を見に父の家に行く。その晩「東京土産を渡すから」と呼び出され訪ねていくと、もう寝るところなのかパジャマ姿の父が現れた。その顔を見て丈之さんは仰天する。ふさふさの白髪だった頭がスキンヘッドになっていたからだ。

どうしたのかと訊けば先日東京へ行ったとき、いいバリカンを見つけたので買ってきて、さっそく今日自分で刈ってみたのだという。実に簡単だった、これでもう床屋に行く必要もない、年を取ると洗髪も億劫になるからこのくらいサッパリするのがちょうどいい、さすが東京のバリカンは違うなとご満悦のようだ。

だが出された缶ビールを飲みながら向かい合ってよく見れば、そのスキンヘッドはかなりの刈り残しがあってまだらになっているようだ。おまけにあちこちに出血したような傷がついており、単にバリカンの使い方が下手という話ではないような気がする。誰かに騙されて、ろくでもない不良品を買ってきたのではないか。

そのバリカンどこにあるの、と丈之さんは訊いた。だが父は頭がサッパリしていかに気持ちがいいか、という話を続けるばかりでこちらの話を聞かない。正面からも頭の傷が見えるし、鏡を見れば自分でも気づくはずだ。もしかしたら認知症が始まっていて、バリカンでさえないもの、たとえば野菜カッターなどで髪を刈ったのではないか。

「ちょっと頭よく見せてみなよ」丈之さんは立ち上がり、父を上から見下ろした。

涼しそうでうらやましいか、という父の声を無視して、丈之さんはその頭部に目を釘付けにされ、絶句する。まだらに刈り残された短い髪は、上から見ると〈呆〉という字になっていた。偶然そう見えるというレベルではなく、意図して刈ったとしか思えない。

呆の字の謎を明かさぬまま、やがて父は認知症の症状が出て、急速に進行していった。

# 第32話　ひらがな展

堅さんは十代の頃ツーリングが趣味で、休みの日には漠然とした目的地だけ決めて自転車で遠出することがよくあったという。

その日は県境の山道を走っていて、年齢の近そうな自転車乗りと知り合った。彼は隣の県の側から来ていたようで、この先に面白い場所があるよと教えてくれる。

私設の博物館のようなものがあるらしい。くわしいことは行けばわかるからと言う。ちょっと道がわかりにくいからとメモ紙に地図を書いてくれて、それじゃあと反対方向へ走り去っていった。

堅さんは地図の通りに自転車を走らせた。わかりにくい道にどんどん入っていくので、たしかに自力ではたどり着けなかっただろうなと思う。やがて一つの看板が見えてきた。地図によればそこが「面白い場所」のはずだが、どうやらそれはただの案内の看板のようで〈ひらがな展はこちら〉という文字と矢印だけが書かれている。

博物館みたいなものはもっと先にあるのか、「ひらがな展」はそこでやっている展示なのかな。そう思いつつさらに進むと、道の真ん中に雪掻きのスコップくらいある棒が落ちていた。なんだこれ、と近くで見れば棒は金属製でカブトムシの角のような形をしている。

堅さんは蹴とばして棒を道の端に寄せ、また自転車を漕いだ。

だがその後は行けども行けども何もなく、道も急に細くなってくる。そもそも地図で示された場所に看板しかなかったのがおかしい。そんなことをする理由がわからないけれど、さっきの人に騙されたのかもと思う。堅さんは胸にもやもやしたものを感じつつとにかく引き返そうと道をUターンしてきた。するとつい今しがた道端に寄せたはずの棒が、また道の真ん中に落ちている。風で転がるような形状でも重さでもない。誰かがわざわざ元の位置にもどしたのだろうか？

堅さんは自転車を漕ぐ足に力を込めた。やがてさっきの看板の前まで来たが、全体に白かったはずの看板がなぜか錆に覆われて文字が読み取りにくくなっていた。「ひらがな展」の「展」の字などはほぼ錆に埋もれてしまっている。堅さんはわけのわからない恐怖に襲われ、とにかく人のいるところへ行こうと自転車を全力で飛ばした。

そこそこ車の通る道に出たところで自転車を止めて道端に座り込み、ペットボトルの水を飲んだ。だが一口飲んですぐ吐き出してしまった。二時間ほど前に自販機で買ったばかりの水が、錆《さび》臭くてまるで飲めたものじゃなかったそうだ。

# 第33話　ペンギン

亜佳梨さんの祖父母はいわゆる町の中華料理屋を営んでいた。店は小汚くて箸立てや醤油さしはべたつき、床をゴキブリが走り回っていたが、味は悪くなかったと記憶している。亜佳梨さんが小学生のときに祖父が亡くなって店を閉めてしまったから、祖父のつくったチャーハンや五目そばを食べたのはもう二十年以上昔のことだ。

祖母は今では叔父の家に同居しているが、数年前まではかつて店舗を兼ねていた家に一人暮らしをしていた。その家に母親と一緒に遊びにいった際、亜佳梨さんは懐かしいものを見つけた。

幼い頃、祖父と一緒に地元のショッピングモールへ行ったとき買ってもらったペンギンのぬいぐるみである。これ失くしたとばかり思ってたんだ！　ばあちゃんちにあったんだね。だがぬいぐるみとの再会を喜ぶ亜佳梨さんを見て祖母は驚いている。じつはそのぬいぐるみはほんの一か月ほど前にフリーマーケットで買ったものだという。それも孫が大事にしていたぬいぐるみのことは全然覚えておらず、ただ可愛いペンギンだなと思って買ったのだ。

しかもぬいぐるみについているタグには〈あかり〉と拙い字で記されていた。そう書いておけば失くしても必ずもどってくると信じて亜佳梨さん自身が記した文字に間違いない。単に同じ型のぬいぐるみという話ではなく、本当に彼女が毎晩一緒に寝たペンギンそのものだったのである。

家に連れ帰ったペンギンと亜佳梨さんは十数年ぶりに一緒に寝床に入った。その晩の夢にはペンギンが出てきた。ぬいぐるみと似ているが、生きた本物のペンギンである。そのお腹は異様に膨らんではち切れんばかりだった。「お腹いっぱいだー」とペンギンがしゃべる。その視線の先には見覚えのある厨房と、白衣を着た丸っこい背中。「つくっちゃったから、食べてよ。あかりちゃん大きくなるんだから食べなきゃ」人懐こい笑顔の老人が、湯気の立つ丼をテーブルに置く。じいちゃんの口癖だ、と思いつつ彼女は、自分が亜佳梨さんなのかペンギンなのかわからなくなりながら、いい匂いの五目そばに箸をつける――。

目が覚めると、ぬいぐるみのペンギンの腹がまるで中に風船でも仕込んだかのようにぱんぱんに膨らんでいた。押しても引っ込まないその腹の弾力は生き物のようだったが、夕方に見たときは元通りにしぼんでいたそうだ。

## 第34話　ラッシュアワー

達彦さんは子供の頃、親から朝の通勤ラッシュの凄まじさを聞かされると、なぜか車両にぎっしり詰まった異形のものたちを思い浮かべた。たとえば首が二つある入道や一つ目の鬼や舌が床までのびる女でいっぱいの車内。そんな恐ろしいラッシュの電車に閉じ込められる夢も何度も見たという。そのせいか、大人になって自分がラッシュの電車に乗るようになっても、車内に何か人間以外のものが混じっている気がしてしまう。

ある雨の朝、満員電車に揺られているとチリリン、と自転車のベルのような音が聞こえてきた。そういう着信音かな、と思っているとチリリン、チリリンと続けて鳴る。うるさいな、マナーモードにしておけよと思って音のしたほうへ視線を向けると、ぎゅうぎゅうに人が詰まっているその足もとを器用に縫って子供用の自転車が走ってくるのが見えた。

乗っているのはボーダー柄のシャツを着た、ひし形に近い顔の形の男の子だ。チリリン、チリリンとベルを鳴らしながら達彦さんのすぐ近くを通って、その列車の進行方向へ走っていく。人々の陰に姿が消えても、しばらくベル音だけは聞こえた。

まわりの乗客たちはまったく無関心にスマホを見ているか、ひどく苦しそうに目をつぶっている人ばかりだったという。

第35話

# 例の話

造園業に携わる漣さんの体験談。十四、五年前のことらしい。

夜遅く友達から電話があり「今○○で飲んでるからお前も来いよ」と言われたという。

店内の盛り上がっている感じが受話器から伝わってくる。

「もう寝るところなんだよなー」

「寝るなよ、まだ早いだろ」

「なんか気が進まないな。行きたくなるようなこと言ってよ」

「来ないと陰口叩くぞ」

「あー、逆に行く気なくなった」

「あ、そうだ。マスターが例の話最後までしてくれるって」

「例の話?」

「海の家のバイトで体験した、やばい話」

「えっまじで」

それは○○のマスターが若い頃、海の家でバイト中に水死体を見た話だった。何かとんでもなく怖い体験だったらしいが、何度かさわりだけ喋って肝心のところは絶対に話してくれないのだ。

「わかった、行くからそれまで話すの待っててもらって」

そう言って漣さんは部屋を出ると、近所なので自転車で○○へ向かう。

だが店に着くと看板に明かりがなかった。店閉めて常連だけ相手に話すのかな？　と思ってドアを開けようとしたが鍵もかかっている。

ノックして声を掛けるが反応がなく、店内は静まり返っている。

キツネにつままれたような気分でぼんやりとドアを見つめた。

その後の記憶が曖昧なのだが、以後○○が営業してるところを見たことがなく、半年くらい後には別な店になっていたのを覚えているという。

しかも漣さんは、あの晩誰に電話で呼び出されたのかを思い出せない。あんな気安く電話してくるような友達で、○○の常連だった人間を一人も思いつかないのである。

「なんとなく、マスターはおれが行く前に例の話を始めちゃったんじゃないかって気がするんですよね。それで何かやばいことが起きた結果店は潰れ、おれの友達はこの世から消滅してしまったんじゃないか？　なんてね」

漣さんはそう言っていたずらっぽく笑った。

## 第36話　雨の夜に

その日は朝から雨で、夜になってもずっと降り続いていた。仕事帰りの駿介さんは電車を降り、改札を出ると自宅に向かって歩きはじめる。五分ほどで国道に出て、そこからまもなく歩道橋を渡る。

階段を上っていくと、橋の真ん中あたりにぽつんと椅子が置いてあるのが見えたという。モデルハウスの案内看板を持つ人や、交通量調査員が座るような普通のパイプ椅子だ。だがそれらしい人はそばにおらず、椅子は雨に濡れて街灯の光を反射させている。

駿介さんは横を通り過ぎるときにちらっと見て、背もたれの部分にけっこう目立つ傷があるのに気づいたそうだ。

傷からは中身のウレタンが覗いている。これは誰かが座ってたんじゃなく、不法投棄されたのかも。粗大ゴミに出す金をケチって路上に物を捨てていく人が世の中にはあふれている。まったく迷惑極まりないな、と少し腹を立てつつ、だがわざわざ歩道橋の上に捨てたのはなぜだろう。そう不思議に思いながら反対側にたどり着き、階段を下り始めたとき。

ガタッ、という大きな音がしたのでふりかえると、手すりに向けて置かれていたはずの椅子が、こちら向きに直っていた。

そんな馬鹿な。駿介さんは激しい鼓動を感じながらじっと椅子のまわりに目を凝らした。野良猫か、そうでなければ何らかの野生動物のしわざだと思ったのだ。

何もいないみたいだ、と思ったとき今度は椅子がまるで駿介さんのほうへ歩み寄るようにガタガタガタッ、と左右に揺れながら近づいてきた。

驚きのあまり階段から転げ落ちた駿介さんは背中をひどく打ちつけ、踊り場に横たわったまま動けなくなってしまった。

椅子は階段の下り口で身を乗り出すようにして、背もたれの傷をこちらに向けている。傷からは獣の目玉のようなものがじろりと覗いて、無表情に駿介さんを見ていた。

気がつくと彼はずぶ濡れになって歩道に横たわっていた。痛む体をやっと起こしておそるおそる歩道橋の上を見にいくと、パイプ椅子はすでにそこになく、駿介さんが逃げるとき手放した傘がぐにゃぐにゃ折り曲げられて捨てられていたという。

人に話しても信じてもらえないし自分でも信じられないが、以上の経験をどう知恵を絞って説明しようとしても「椅子に襲われた」以外の結論を思いつかないそうである。

# 第37話 ノック

泰信さんは十三年連れ添った妻と別れて、実家で暮らし始めた。

老いた父親と妹が一緒である。二人は食事などもバラバラでマイペースに生活しているようなので、泰信さんもそうすることにした。

ある晩、自室でコンビニ弁当を食べているとドアがノックされた。入ってきたのは妹だ。紙の束を床にどさっと置いて無言で出ていく。見ると、ネットの掲示板やSNSの書き込みをプリントしたもののようだが、内容は幽霊を見たとか、心霊的な体験談ばかりだ。

いったいどういうつもりでこんなものを？　泰信さんは本人に訊こうと思って妹の部屋のドアをノックした。だが返事はなく、ドアには鍵が掛かっている。困惑して部屋にもどり、食事の続きをしていたらまたドアがノックされ、今度は父親が入ってきた。

「今警察から電話があってな、ヨシエがとんでもないことやらかしよったらしい」

憔悴《しょうすい》しきった顔で父親が言う。ヨシエというのは泰信さんの妹の名前だ。そんなはずはと思ったが、妹は本当に職場で同僚を刃物で刺して警察に捕まっていた。

その日妹はそもそも仕事で一日中家にいなかったらしい。泰信さんの手元には謎の紙束が残ったが、刑務所に面会に行っても妹は何も話してくれないそうだ。

## 第38話　牙

亀井くんの友人である博務が遠距離恋愛をしていて、週末になると恋人のいる大阪へ通う生活をしていた。

だが仕事が多忙になってくると休みのたびに遠出するのはきつい。毎週の大阪行きが隔週になり、月イチになった。会う頻度が下がると生活に占める互いの存在感も薄れていく。

やがて博務は同じ職場の女子社員と仕事を通じて急速に親しくなり、関係を持つようになった。恋人のほうも博務から心が離れつつあるように見え、ＳＮＳから窺《うかが》える私生活に他の男の影を感じるようにもなっていたそうだ。

そのまま次第に連絡を取り合わなくなり、二人の関係は自然消滅したと亀井くんも聞いていた。


ところが五年以上経った昨年、亀井くんは突然博務からこの恋人のことで相談を受けた。最近大阪に出張した博務は偶然彼女と再会し、また時々会うようになったらしい。今は彼女のほうが定期的に東京に来る用事があるのでそのときに会っているそうだ。

それで相談というのは、彼女に何かよくないものが取り憑いているような気がするというのである。

「ホテルに泊まって、明け方頃ふと目が覚めたんだよね。横にいる彼女の顔を見たら口元から尖った歯が覗いてるんだよ」

八重歯といった程度のものではない。そもそも彼女に八重歯はないのだが、寝顔の唇から突き出しているのは肉食獣にあるような鋭く尖った牙だったという。

ぎょっとして見ていると、やがて唇が閉じて牙は見えなくなった。朝起きてあくびをしている彼女の口元からはそんな異常な歯など見当たらないのだ。

相談されたところで亀井くんにもわけがわからず、見間違えじゃないのか？ と言わずもがなのことを言うしかない。歯のこと以外に以前と変わった点はないかと訊いてみれば、

「おれのことを名字で呼ぶんだよね、前につきあってたときはあだ名で呼んでたのに。それはまあ距離感の変化なのかなと思って気にしてなかったけど」

話し方もなんか丁寧で、別人と会ってるみたいに思うときもたしかにあるね、と神妙な顔で言う。

何のアドバイスもできないまま別れ、亀井くんはその後しばらく博務と会わなかった。

つい先日、博務が新型コロナウイルス感染症に罹患《りかん》したことを人づてに知り、心配した亀井くんが見舞いのメッセージを送ったところ、

「帰省中に感染がわかってそのまま実家にいる。症状は軽いんだけど年取った親にうつしてないか心配」という返信があった。

亀井くんは〈牙〉の見えた彼女のその後のことが気になっていたが、こんなタイミングで訊くことじゃないと思ってそれは黙っていたそうだ。

すると博務のほうから「彼女が見舞いに来てくれたんだよ」と言い出す。驚いていると、

「言わなかったっけ？　彼女鏡があればどこにでも来れるから。でも来るのは影だけだから、影ならべつにコロナにかかる心配もないんだし会ってもかまわないよな？」

そんな理解しがたい文面のメッセージが送られてくる。

続けて表示された写真を見ると、別人のように頬のこけた博務がジャージ姿で薄暗い森のようなところに立っているというものだ。傍らの木に立てかけられた姿見には、ぼんやりと〈等身大のてるてる坊主〉のようなものが白く映り込んでいるように見える。

「そろそろ彼女来る時間だから、またな」というメッセージを最後にやり取りは途絶えた。

以来、何度メッセージを送っても既読にならないのだという。

# 第39話　孔雀草

叔母の家の庭に紫色の菊のような花が咲いていた。叔母はそれを「くじゃくそう」というんだよと教えてくれた。

叔母は庭でいろんな草花を育てるのが好きで、他にも花の名前を教えてもらったはずだが、もともと植物にあまり興味のない琴葉さんはどれも右の耳から左の耳へ抜けてしまった。孔雀草のことだけ覚えているのは、花の咲いている場所の二メートルくらい上にとても優しそうな皺《しわ》だらけのおじいさんの顔が浮かんでいたからだ。

そのおじいさんの顔の下に咲いているのが〈くじゃくそう〉だ、と目印のように記憶したのだ。

浮かんでいるのは顔だけで、体はない。白い眉毛も口元もよく見れば少し動いていて、変な言い方だけれど静止画ではなく動画のようだと思った。

琴葉さんは今から思えばいわゆる霊感のある子供で、大人には見えないものを時々見ていたようだ。それを話しても大人には通じなかったり、時には怒られることもあるからあまり話さなかったという。このときも叔母や、一緒に来ていた母親におじいさんの顔のことは話さなかった。庭の見える部屋でアイスクリームを食べていたときも、ちらちらとそのおじいさんの顔を見ては「まだいる」と思っていた。おじいさんは琴葉さんを見ているわけではないが、自分が琴葉さんに見られていることはわかっているような顔だった。しばらくすると何かに納得したようにうんうんと頷《うなず》き、次の瞬間には消えていた。

消えたとき琴葉さんは思わず「あっ」と声を出した。叔母と母親はおしゃべりを中断して琴葉さんの見ている庭のほうへ視線を向けた。

「鳥さんでも来てたの？」母親ががそう首をかしげる。

「鳥と言えばね」叔母が身を乗り出して話し始めた。「こないだ変わった鳥が庭に来てたの、鳴き声が人間みたいでね。変な話だけど、よぼよぼのおじいさんが『おーい』って家の人呼ぶみたいな声なの。びっくりしてすぐ外見たけど、もう飛んでいったあとみたいで見つけられなかったのよね」

「えー、そんな鳥いるかしら。本当に近所のお年寄りが迷い込んでたんじゃない？」

「お年寄りがそんな素早く立ち去れるわけないでしょ！」

おかしそうに笑い声を上げる大人たちをよそに琴葉さんはじっと耳を澄ませてみた。だが孔雀草の咲く庭からは、おじいさんの声はいっこうに聞こえてこなかったそうだ。

第40話

# 声の出処

奈青子さんが大阪にいた頃に住んでいたマンションでは、夜遅く泣き叫ぶような声がよく聞こえてきた。大人の女の声なので、痴話げんかとか修羅場の類かな？　と思っていたがそれにしても頻度が高すぎる。週に二、三回は聞こえてくるのではないか。

奈青子さんの部屋は遠いからまだいいが、それでも聞こえるたびにびくっとしてしまうのだから隣室の人はたまったものじゃないだろう。そう思いつつ、なんとなく声のする方向を特定しようとしたがうまくいかない。自分の部屋より上の階なことはたしかなようだ。

冬の夜のこと。仕事の疲れでぼんやりしていた奈青子さんはエレベーターでボタンを押し間違えたらしい。降りるとなんとなく様子が違ったので階数を確かめると、自宅がある階の二つ上だった。

見ればエレベーターの箱はすでに地上にもどっている。まあいいや階段で下りよう、と歩きはじめたらいつもの女の泣き叫ぶ声がかなり近くから聞こえてきた。

どうやら出処はこの階らしい。ちょうどいい、どの部屋なのか見てこようと方向を変え通路を歩きだす。声はどんどん近づいてくる。だが不思議なことに、ただ大きくなるだけで解像度が上がらなかった。つまり何を言っているかいっこうに聞き取れないのだ。画素数の少ない画像を拡大するとただ粗くなって何が何だかわからなくなる、あの感じに近い。

そしてとうとう奈青子さんはとあるドアの前に立ち止まった。

あきらかにドアの向こうに声の主がいる。だがそれはもはや女の声ですらなく、得体のしれない機械がたてる軋《きし》みのようだった。きゅいきゅいきゅい、とか、ぴきぃーーーっ、とかいう音がいくつも重なりつつ断続的に聞こえていて、そのうしろにうっすらと低く性別不明の声が響いていた。

「たどころしゅうのすけ、まことにむねんのきわみ、さてもひとよのもらいなみだよ」

声はそう聞き取れた。奈青子さんは背中に冷水を浴びたようになり、ここに来たことを後悔していた。そのとき気づいたが、目の前の部屋はドアポストが緑色の養生テープでふさがれていて、両隣のドアも同様だ。よく見ればそのフロアのほとんどのドアポストがテープでふさがれていた。あわててその場を立ち去り冷や汗びっしょりで自室にたどり着くと、機械の軋みのような音はいつもの女の泣き叫ぶ声に変わっていて、ほどなく止んだ。

近くの寺院に〈故田所修之介儀　葬儀会場〉という看板が立ったのは、三日後のことだ。

第41話 さしあげます

主婦の万里子さんは中学生のとき公園で本を拾った。表紙に小石を載せてベンチに置かれていて、手に取るとページの隙間からひらひらと紙片が落ちた。紙片には書きなぐったような汚い字で〈さしあげます〉と書かれていたという。ページをめくってみたが文章が難しすぎて何が書いてあるかわからない。巻末の索引を見てみるとどうやらポルノ的な内容だとわかった。彼女は本を家に持ち帰り、親に見つかると困るから押入れの天井板をずらしてその上に隠すことにした。

「たぶん昔の外国の官能小説なのかな？　と思いました。正直興味あったけど今はまだ難しすぎるから、もっと賢くなったら読んでみようかなと思ったんです」

それから五年ほど過ぎて万里子さんはふとその本のことを思い出した。押入れの天井をさぐってみたが板のずらせるところが見当たらない。自分の部屋だから修理などされていないことは知っている。別の場所に隠したのを勘違いしたのかと思っていろいろ捜してみたが、家のどこからも本は見つからなかった。

「だから本の存在自体が夢だったのかな？　って思いかけたけど。たしか本拾ったとき持ち始めたばかりの携帯電話でベンチの写真撮っておいたのを思い出したんですね」

その古い機種を見つけて起動してみると、万里子さんは当時の写真を順番に見ていった。するとベンチはベンチだが寝そべっている猫を撮った写真が一枚だけ見つかる。日付はたぶんちょうど本を拾ったはずの頃だが猫など撮った記憶がない。変だなと思ってよく見ると猫は口から血を流していて目はぽっかりとみひらかれている。この猫死んでる！　そう思った万里子さんは携帯を閉じようとしたが、猫の傍らに置かれている紙片に気づいた。

そこには書きなぐったような汚い字で〈さしあげます〉と書かれていたそうだ。

## 第42話 質屋

紀美子さんの小学校の通学路には質屋が二軒あった。自宅から見て手前のほうを仮に質屋A、二百メートルほど先にあるほうを質屋Bとする。

二軒はライバル関係にあり、熾烈《しれつ》なお金貸し競争のようなものをくりひろげている、と紀美子さんは想像していた。

心情的には、自宅に近いほうの質屋Aを応援していたという。だが見たところ、繁華街寄りにあって建物が新しく、ショーウィンドウに質流れのブランド物バッグや時計が絢爛《けんらん》と並ぶ質屋Bのほうが羽振りがよさそうに見えた。

紀美子さんは質屋Aを応援したいあまり母親に「何か質に入れられるものない？　指輪とかバッグとか」と訊ねたという。

すると母親は血相を変えた。

「借金なんてしなくても女手一つであんたを育て、不自由な暮らしはさせてないでしょう。いったい何が不満なの」

そう紀美子さんは怒鳴りつけられてしまった。

なんだか悲しい気持ちになったので、それから紀美子さんは質屋のことをあまり考えなくなった。

だからしばらく気づかなかったのだと思うが、質屋Aはいつのまにか店を畳んでいたようだ。

ある日シャッターが下りているのを見て臨時休業かと思ったら、すでに質屋の看板が外されていた。ああ、競争に負けてしまったんだなと紀美子さんは思う。

後日、学校の帰りにその空きテナントになった建物の前を通りかかると、中から人の話し声が聞こえてきた。シャッターは閉じたままだったが、次のテナントがもう決まって、中で開店の準備をしているのかもしれない。そう思って紀美子さんは立ち止まり、シャッターに耳を当ててみた。

すると耳元で「なんかすげーくるしい、くびとか」という男の声が聞こえた。それどころか、まるで顔を寄せて話しかけられたように耳に温かい息がかかったのだという。

驚いて飛びのいたが、もちろんシャッターに穴などは開いていない。どうして息がかかったのか不思議に思い、おっかなびっくりにまた耳を当ててみたそうだ。

だがもういくら耳を澄ませても声は聞こえてこなかった。しんと静まり返っていたという。

質屋Aが閉店したのは店主が自死したからだと知ったのは後年、紀美子さんが中学生になってからのことである。

病気を苦に、店の二階の住居部分で首を吊って亡くなったらしい。

紀美子さんは数年前に耳元で響いた男の声を生々しく思い出し、あらためて体の芯から鳥肌が立つような恐怖をおぼえた。

と同時に、どうにも落ち着かないざわついた気分にもなった。亡くなった店主は紀美子さんも見たことがあるが、老人と言っていい年齢の男性だ。だがあのときシャッター越しに温かい息とともに聞こえてきた声は、声質といい口調といい若い男性の声としか思えない。あれは本当に自死した店主の声だったのだろうか？

もやもやしたまま、さらに数年が経ち、紀美子さんが大学生のときのことだという。

東京の大学に通っていた彼女は、夏休みに帰省した際、自宅の周辺をひさしぶりに自転車で回ってみた。

かつて質屋Aだった建物はすでに取り壊されて普通の民家になっていた。

そういえば質屋が潰れた後、結局何のテナントも入らずじまいだったなと思いつつ、そのまま質屋Bへと足をのばしてみた。

するとこちらはまだ健在で、それどころか建物が建て替えられてちょとしたビルになっている。その一階に店を構えており、きっと質屋がビルのオーナーでもあるのだろう。なんだ、お金貸し競争は質屋Bの大勝利じゃないの。そう思いながら帰宅して、母親に「小学校の近くの質屋さん、ビルなんか建てちゃってすごいじゃない」と話したそうだ。

するると母親はうーん、と少し首をかしげてから言った。

「いやーでも大変みたいよ、商売は順調かもしれないけどさ。息子があんなことになっちゃったからね」

「息子さんがどうかしたの」

「首吊っちゃったのよ」母親は眉をひそめた。「それもね新規開店したばかりの店の中でね。ノイローゼだったのかねえ、まだ若い、あんたと大して変わらない年だったのに」

あ、つながった。

紀美子さんはそう思ったそうである。

第43話　消毒

江里花さんの父親はイラストレーターで、自宅から車で七、八分のマンションに仕事場を構えていた。元はオーナーの親族が住んでいた部屋だが、一階にあって地下室もついていたそうだ。

地下室は倉庫兼AVルームのようになっていて、江里花さんはたまにそこの大型スクリーンで映画を見せてもらうことがあった。照明はむきだしの電球で壁はコンクリートの打ちっぱなし。そういう非日常的な場所でSF映画などを見ると本当に自分が宇宙船に乗って旅をしているような気分になれたという。

ただその地下室はいつ行ってもなんだか薬品臭かった。黴《か》びないように定期的に消毒してるからだよ、と父親は言っていたが、江里花さんも部屋に入る前には手指を必ず消毒させられた。初めは手指だけだったが、そのうち頭からつま先まで何種類かの消毒液をスプレーされるようになり、そのことで両親が言い争っているのを聞いたこともあった。

たしかに父親の〈消毒〉癖は病的だったと思う。だがそれも仕事場の地下室に限られたことで、地下室以外のスペースや自宅ではとくに気にしている様子もない。帰宅時など石鹸で手を洗っているかも疑わしかった。地下室には何かよほど黴に弱い、大事なものがあったのかとも思うが、母親はそんなものがあればわざわざ湿気の多い場所に置かないでしょう、ともっともなことを言っていた。

ただ江里花さんには、なんとなく思い当たることがあったそうだ。

地下室で映画を見せてもらっているとき気になったのだが、部屋の隅に妙に闇が濃いところがあるのだ。ただ光が届かないというより、何かが遮《さえぎ》って影になっているように見える。スクリーンの光がちらちらと瞬《またた》くのに合わせて壁に影が現れる。それが人が膝を抱えた形だったり、うつ伏せに寝て両手で頬杖をつく人の形だったりする。自分も父親もそんな姿勢はとっていない。部屋に人形などは置かれていなかった。

あるとき映画を見終わった後、父親に影のことを訊いてみたことがある。父親は「さあ、気のせいじゃないの」と言っていたが動揺を隠している顔に見えた。いつもは入室時だけの消毒をそのときは帰りにも命じられ、全身消毒液まみれで帰ったのを覚えている。

その日以来、地下室は家族も立ち入り禁止になってしまった。ほどなく両親は別居を始め、二年後くらいに離婚した。離婚の理由を二十年以上経った現在まで母親は明言しないが、地下室のことと何か関係あるのだろうなと江里花さんは思っているそうだ。

## 第44話　スマイル

南関東の某インターチェンジ近くにあるラブホテルでこんなことがあった。

とある不倫カップル、仮にA子とB男とするが互いに結婚生活二十年ほどの配偶者がいた。二人がそういう関係になってからは三年あまり。

いつものようにA子が車でB男を拾い、ホテルへと向かう。チェックインして部屋へ。B男が先にシャワーを浴びて出てくると、A子がなんだか妙な顔をしている。

どうしたのと訊ねるとA子は黙って冷蔵庫を指さした。

高さ五十センチくらいの白いドアにペンギンやカエル、オウム、キリンなど様々な動物を象《かたど》ったマグネットがにぎやかに貼りつけられている。

「これ全部、うちの冷蔵庫のドアで使ってるマグネットと同じものなんだよね。ほんとに全部、一つ残らず」

ちょっと偶然とは思えなくて、と不安そうにつぶやく。セットで売ってるものなんじゃないの？　とB男が言うとA子は首を横に振る。別の店でばらばらに買ったものだからすべて一致するというのは考えられないという話だった。

「そもそもホテルの冷蔵庫に普通こんなのなくない？　そこからして変だよ」

たしかに言われてみれば妙なことだけれど、B男にとってはどうでもいい話ではあった。そんなことよりさあ、と話題を変えて彼女の気持ちを冷蔵庫から逸らそうとした。だがA子は気もそぞろな様子で携帯電話でメッセージを打ち始め、返信がないと言って今度は電話をかけている。だが相手が出ないようで顔色を変えすっかり落ち着きを失ってしまった。

「ちょっと家のことが心配だから今日は帰ってもいい？　ごめんね。子供が思春期でいろいろ難しいんだ最近」

そう言ってすでに身支度を始めているA子を見て、B男もあわてて服を着た。


はたしてA子の帰り着いた自宅では高校生になる長女が浴室で痛ましい姿で発見された。硫化水素による自殺だったという。

救出しようとしたA子は巻き添えでガスを吸い込み自身も病院で治療を受けた。遺書は見つからなかった。ただ家の冷蔵庫のドアに貼りつけられたマグネットの一つに、A子には見覚えのないメモが一枚挟まっていたらしい。そこには雑なスマイルマークのような落書きだけが青いボールペンで記されていたという。


この話を長年の友人である孝一さんに語っている間、B男はなぜかずっと満面の気味の悪い笑みを浮かべていたそうだ。

「A子とはこの日以来電話で話しただけで一度も会ってない。彼女は娘が死んだのは自分のせいだと思ってるんだ。部活で虐《いじ》めに遭ってたっていう話もあるみたいなんだけどね。ぼくにとってもすごくショックな出来事だったし今も全然消化できてない。思い出すだけで苦しい、ほんとなんだよ。でもなぜかこの話をするとこのとおり顔が勝手に笑ってしまって、自分の意志ではどうにもならないんだ」

だから親友のきみにしかこうしてすべてを話すことができない、聞いてくれてありがとう。そう言い終えると、B男の顔からはようやくすっと笑みが消えた。

## 第45話　だめ

恐竜の化石が見たい、という甥《おい》っ子のリクエストで香奈江さんは甥と義妹と母親を乗せ、地元の博物館へドライブに出かけた。

その帰り道、グッズコーナーで買った恐竜のぬいぐるみを抱いてすやすや眠る甥をよそに三人の大人がおしゃべりに花を咲かせていると、ＦＭが流れていたカーステレオにノイズが入り始めた。気持ちのいい音楽がぶちぶち切れて人のうめき声が混じり、音楽とうめき声が交互に流れる。やがて完全にうめき声に取って代わられ、ちょっとこれ何気持ち悪い、と香奈江さんは局を変えようとしたが「待って待って、これって霊現象じゃない？さっき抜けたトンネルって昔からそういう噂あるし」と母親が止め、そのままうめき声を聞き続けることになった。

地の底から絞り出すような苦しげな、途切れがちな声に母親は目を輝かせ、義妹は怖い怖いと耳をふさいでいる。甥っ子は大丈夫かな、目を覚ましたら怖がるだろうと心配して香奈江さんがミラーを覗くと、いつのまにかぱっちり目を開けた甥は背筋をピンと伸ばして、カーステレオのうめき声に合わせて口を開けたり閉じたりしている。

びっくりしてカーステレオを消すと、甥っ子は一瞬でぬいぐるみを抱き熟睡している姿にもどった。どうして消すのよ、録音しようと思ったのにと不満を言う母親に「あっくんが取り憑かれちゃうところだったでしょ！　見なかったの⁉」と香奈江さんは声を荒げた。

自宅に着いて甥っ子を降ろした後で、気になってカーステレオを点けると普通にＦＭの放送が流れてくる。ほっとして香奈江さんも車を降り、玄関へ向かおうとしたときドアウィンド越しに後部座席が見えた。そこには甥っ子がさっきうめき声に合わせてそうしていたように目を見開き、背筋をピンと伸ばして口を開閉していた。驚いてドアを開けて甥っ子を引っ張り出そうとしたとき「おばちゃん、だめ」と声がして振り返ると恐竜のぬいぐるみを抱いた甥っ子が眠そうな目で香奈江さんのシャツの裾をつかんでいる。はっとして車に目をもどすと車内には誰もいなかった。

ただシートの上に植木鉢でもひっくり返したように土の山ができていて、それがいつ車内に持ち込まれたのか誰もわからなかったそうだ。

# 第46話　父の面

雪緒さんの同い年の友人、琉美の家には気味の悪い面があるという。

灰色で無表情の、なんとなく死人の顔を思わせる面らしい。どういう由来のものなのか不明で、父親が生前どこからか手に入れてきたとのこと。父親が死んでから母親はそれを「お父さんのお面」と呼んで、なぜか居間の一番目立つところに飾っているそうだ。

「でも一人で居間にいるとお面から視線を感じるっていうか。それに気配とか、ちょっとした空気の動き、衣擦《きぬず》れみたいな音まで聞こえることがあるんだよね」

母親にそう告げると「お父さんが来てるんでしょ」とあっさり返ってくるが、父親ではないと思うと琉美は言う。

「だいたいあんな気味の悪い面をどうして父だと思えるのか、さっぱりわからないよ」

あるとき雪緒さんは琉美に「よかったら遊びに来なよ」と誘われ、初めてその家を訪れた。

居間に通されたが、話に聞いていた面はどこにも見当たらない。大きな窓からの採光に照らされた壁には版画やタペストリーがセンスよく飾られているだけだ。

母親も同席していたのでなんとなく面のことを聞きそびれていると、琉美が席を立った隙に母親が小声で話しかけてきた。

「あんな気味の悪いお面を飾ってあってごめんなさいね。鬼の顔みたいで怖いでしょう?」

壁の何もないところを見ながらそう言うので、雪緒さんは驚いて返答に詰まってしまう。

それをどう取ったのか、母親は優しい目でうなずきながらこう続けた。

「でもあれはね、琉美が『お父さんのお面だから、家族みんなを見守る場所に飾っておかないとだめだ』って言ってきかないの。お父さんっ子だったからかしらねえ、夫が死んでから心が不安定なところがあって。それであんな怖い面が夫の顔に見えるのかしらね……」

そこに琉美がトイレからもどってきて、何事もなかったようにお茶を飲みながらのおしゃべりが再開した。だが雪緒さんはもう帰りたくてしかたなくなっていた。

話題にこそ出ないものの、目の前の親子はそれぞれ時折ちらっと壁に目をやることがあり、そのたびに雪緒さんは見えない面の存在を意識させられ、生きた心地がしなかった。

夕飯も食べていってと引き留められたけれど、丁重に辞して逃げるように帰ったそうだ。

以後も琉美とは表面的には今まで通り親しくしているが、面の話題が出るのが怖くて二人きりで会うのはひたすら避け続けているのだという。

# 第47話 飛ばされてきたもの

台風が接近して風雨の強い午後だったという。

博さんが歯医者に行った帰りに傘を斜めに差しながら道を歩いていると、ぺちっという音がして何かが傘に貼りつくのがわかった。

飛ばされてきたビニール袋か何かかと思うが、布地越しに透けている影は丸くて十センチ程度か。剥《は》がしたいが風雨をよけながら剥がすのは容易ではない。結局そのままマンションに帰ってきてしまって、エントランスで傘を畳むとき見たらそれはどうやら一枚のスライスされたハムのようだ。

こんなものどこから飛んできたんだろう、と不思議だったが、あまり深くは考えず集合ポスト脇に設置されたごみ箱の中に捨ててしまった。

そのとき一瞬手で触れたけれど、ハムにしてはずいぶん温かいな、熱いくらいだなと博さんは思った。まるでフライパンで焼きたてのものを拾い上げたような熱を感じたが、それも深くは考えなかった。

三階にある自宅のドアを開け、照明のスイッチを入れる。

軽く点滅して蛍光灯が点くと、縦に長いキッチンと左側にあるユニットバスのドアが目に入った。そのドアが少し開いていて中の明かりが漏れていた。点けっぱなしで出かけちゃったか、と思って消す前に覗くと、思いがけないものが視界に入って固まってしまう。

浴槽から首を出している人がいたという。

濡れて乱れた髪に覆われている顔は、どちらを向いているのかさえわからなかった。

こういうときどうしたらいいのか。誰だお前！　と怒鳴りつけていいものか、それとも侵入者に気づかれないようにそっと外に出て、警察に通報するべきか。

わずかな逡巡ののち後者を選ぼうとしたとき。浴槽の中の首がぶるっと震えて髪の毛が分かれ、そこからほろぼろにちぎれた肉片のようなものが現れた。

それが噛みちぎったハムを咥《くわ》えた唇だと気づいたとき、首は消えていた。

黄色っぽい照明の光がからっぽの浴槽を照らし出している。

博さんにとって思い出しただけで身の縮む、紛れもない恐怖体験だったが、それでもどうしても思ってしまうそうだ。

なぜハムなのか、と。

# 第48話　並ぶ人々

松美さんの家の玄関前には人が並んでいることがあるらしい。

らしい、なのは実際にその目で見たことがないからだが、近所の奥さんに「昨日のは何の行列だったんですか？」などと訊ねられたことがこれまで何度かあった。

どうやら年齢性別など様々な、とりたてて特徴のない人たちがまるで人気のラーメン屋の店頭のように列をつくっているようだ。松美さんと夫が暮らす家は何も商売はしていないし、人が並ぶ心当たりがいっさいなかった。在宅中に列ができていることもあるようだが、インターフォンは鳴らされていない。だからまったく並ぶ理由がわからないのである。

ただ、ここ数年なぜか庭先で雀《すずめ》の死骸を見つけることが増えたという。それがいつも玄関前に人が並んだ後だということがわかってきた。

知らない集団に並ばれるのは気味が悪いし物騒でもある。そのうえ雀を殺しているのだとしたらさらに問題だ。雀の死骸を処理するのも気持ち悪いし嫌だった。

けれど夫に相談しても薄い反応しか返ってこなかった。待ち合わせでもしてるんだろ、と頓珍漢《とんちんかん》なことを言う。監視カメラをつけたいと言うとお金がもったいないと反対される。

なんとなくだが、夫には心当たりがあるのではないかと松美さんは疑っているらしい。

というのも、先日夫の両親が家に遊びに来たとき、松美さんが台所に立っている隙に彼らがこんな会話をするのが耳に入ったからだ。

「まだ並んでるの?」

「うん」

「別に害のあるものじゃないからな」

「お父さん、そんな呑気なこと言ってたから、レオがあんなことになったんじゃない」

「ああ、そうだったな。まあ用心するに越したことはないか」

両親が帰った後、レオって何? と夫に訊くと、子供の頃に飼っていた犬の名前だという。会話を耳に挟んだことをほのめかしてみたが、何を話してたか覚えていないととぼけるばかり。玄関に人が並ぶことも、両親に言ったことはないよと言い張っていた。

「でもあきらかに義父母は何か知っている口ぶりだったんです。たぶん、人が並ぶことは夫が両親から〈受け継いだ〉何かなのかなって。でも私だけ蚊帳《かや》の外で、もしかしたら怖がらせないよう気遣ってくれてるのかもしれないけど、夫は私に何も話す気がないみたい」

それ以外は円満な関係とはいえ、最近は離婚という言葉が頭をよぎることもあるそうだ。

# 第49話　赤い矢印

謙吾さんは数年前、恋人の部屋で寝ていたらひどい胸騒ぎを感じて目が覚めた。

午前十時を過ぎていたが、その日仕事が休みだという恋人はまだ寝息をたてている。謙吾さんはベッドを出てキッチンでコーヒーを淹れ、ベッドの端に座って飲みながらスマホを見ていた。すると部屋の壁にふっと色がさすのがわかったという。

見れば反対側の白い壁の真ん中あたりに、一方通行の標識くらいの大きさの赤い矢印が浮かび上がっていた。

なんだこりゃ、と眉《まゆ》をひそめて謙吾さんは壁に近づいた。触ったり、宙で手を振ってみたりしたがどうやら光で投影された矢印ではないようだ。さっきまでそんなものは壁に描かれてはいなかった。壁からが染み出てきたとしか思えない。

矢印は右向きでやや下を向いており、その先には何もなかった。少なくとも室内には。

謙吾さんは寝ている恋人の肩を揺さぶった。

「ねえ、なんか変な矢印出てるんだけど？　前にもこういうことあった？」

だが寝起きの悪い恋人は「うん」とか「わかった」と寝言で返事をするだけでいっこうに目を開けない。謙吾さんは証拠を残しておこうとスマホで矢印を撮影してみたそうだ。

ところが写真でも動画でもその赤い矢印だけが写らず、ただの白い壁の映像になってしまう。これってもしかして自分にだけ見えているものなのか？　不安になった謙吾さんがふたたび恋人を起こそうと思ったとき、

「大丈夫。あと五秒で消えるから」

背後から声が聞こえてきた。振り向くと恋人がベッドで目を閉じたまま「よーん、さーん、にーい」とカウントダウンを始めている。

はっとして壁を見ると、恋人の「いーち、ぜろ」の声がした瞬間に矢印がかき消えた。

「えっ？　えっ？　ちょっと何今の⁉　ねっ、あっちゃん今どういうワザ使ったの⁉」

謙吾さんは死ぬほどびっくりして叫んだが、恋人はふたたび安らかな寝息をたてている。

三十分後にようやく目を覚ましたときはもう何も覚えておらず、この部屋で赤い矢印なんて一度も見たことがないと話したそうだ。

ちなみに矢印がさしていた方向をそのまま建物の外まで延ばしていくと、何十年も放置されていそうな朽ちかけた廃屋があったそうである。

## 第50話　パジャマ

絵理沙さんの伯父は昔ラスベガスで大勝ちしたことがあるのが自慢の人で、彼女も子供の頃に何度もその話を聞かされた。

あるとき、またいつもの思い出話が始まったので退屈した絵理沙さんが話の腰を折り、こう訊ねてみたという。

「ラスベガスのホテルに何週間もいたわけでしょ？　泊まってる部屋に幽霊出なかった？　全財産失って首吊った人の霊とかさー」

すると伯父は少し考えたのちに真面目な顔で「そういうんじゃないけど、ちょっと変なことはあったよ」と語りはじめた。


滞在中は複数のホテルに泊まったそうだが、ある晩、移ってきたばかりのホテルでバスタブに浸かっていたらうとうとして、そのまま眠ってしまったらしい。

気がつくとベッドの上にいた。体は濡れていないし服も着ている。でも体を拭いたり服を着た記憶がないので、おかしいなと思ってよく見たら着ているのは持参したスウェットではなく、日本の自宅で寝るとき着ているパジャマだ。部屋はたしかに泊まっているホテルの客室だが、なぜか自宅にあるのと同じ本棚も置いてあり、そこには伯父の蔵書がまるごと収められていた。

ベッドを出てその本棚の前に立つと、一冊だけ見覚えのない本がある。どうやら英語で書かれている本のようだ。取り出してページをめくってみるが、印刷されているのはアルファベットをでたらめに並べているようなもので、全然意味をなしていない。

なんだこれ、と思いながらパラパラとめくっていったらあるページの一部だけ文字が大きくなっていて「Wake up!」と書いてあるのが見えた。

それを読んだとたん目が覚めて、伯父は自分がまだバスタブに浸かっていることに気づいた。お湯はすっかり冷めていて、どうやら何時間もここで眠っていたらしい。溺れなくてよかったな、と思いながら風呂を出てベッドの前に来た伯父は驚いた。

ベッドの上には夢の中で伯父が着ていた、日本の自宅にあるはずのパジャマが脱ぎ捨てられていたのである。

今度は夢ではなく、持ってきた覚えのないそのパジャマはそのまま日本に持ち帰ったそうだ。

## 第51話　光

直幸さんが不登校だった中二の頃のことだ。母子家庭で、母親が仕事に出ている間は家には誰もいない。ぼんやり煙草を吸っていたら、玄関のインターフォンが鳴った。

いつもなら無視するところだが、そのときはなんとなく受話器を取ってみたのだそうだ。すると女の人の声で「×××ですけど、大変遅くなりました」と聞こえてきた。×××の部分は聞き取れなかった。でも訊き返すのが億劫《おっくう》だったので、直幸さんは玄関へ行ってドアを開けた。

ドアの外には茶色のバサッとした髪の毛の女性が立っている。黒い喪服のようなスーツを着ていた。

そこまではわかるのだが、なぜか顔は何か強い光が当たったように白く飛んでいて、見えなかった。というか、眩しくて直視できなかったそうだ。

マンションの通路にそんな強い光源があるはずがない。変だなと思いつつ目を細めて見ていると、女性は大きめのバッグから筒状のものを取り出して直幸さんに差し出す。筒はビニール袋に入っており、カレンダーか何かのようだ。

「お母さまに渡していただければわかりますから、よろしくお願いします」

そう言って深々と頭を下げると女性は行ってしまった。

直幸さんはさっそくビニールを剥いて中身を出してみた。丸まった紙を広げるとカレンダーではなく、一枚の紙に大きくただ一文字〈光〉とだけ印刷されている。

なんだこりゃ、と思った直幸さんは紙を丸めてビニールにもどすと、リビングのテーブルの上に置いておいた。

夕方、帰宅した母親に渡そうとリビングを見ると丸めた紙が見当たらない。母親が自分で気づいたのかと思ったが、知らないと言われる。床にも落ちていない。おかしいなと思いつつ、さっき来た客のことを話した。母親には何も心当たりがないようだ。だが直幸さんが「光が当たってるみたいに眩しくて顔が見えなかった」と言うと急に表情が変わった。

「そんなろくでもない人から物を受け取るんじゃありません！　物乞いじゃあるまいし！」

すごい剣幕で怒鳴りつけてくる母親の顔が、まるで間近から強い光を当てられているように白く飛んで、見えなくなった。部屋の中にそんな光はもちろんない。唖然とする直幸さんに背を向けると、母親は何も言わずに玄関を出て行ってしまった。

だが夜遅く帰ってきたときには、いつもの母親にもどっていたそうである。

## 第52話　ブリキのロボット

葉子さんが飲み仲間だったSという男から聞いた話を教えてくれた。

Sは若い頃闇金の取り立てをしていて、ある老夫婦のところへ取り立てに行くと部屋にブリキのロボットのおもちゃが置いてあった。Sが何気なくそれを手に取ると「死んだ孫の形見だからそれだけはもっていかないで」と夫婦で泣きついてくる。当時は某鑑定団などお宝ブームでレトロな昔の玩具にプレミアがつく話をよく聞いたので、きっとすごく価値のあるおもちゃだから泣きつくのだろうと踏んだSは懇願する老夫婦を足蹴にして、そのロボットを持ち帰った。


だが知り合いの業者に見てもらうと大して古くもないありふれたおもちゃで、二束三文にしかならないとわかったという。腹が立った彼はそのブリキのロボットを帰り道の適当な橋の上からどぶ川に投げ込んでしまった。その後、老夫婦は互いの腹を包丁で刺して妻は死亡、夫は意識不明のままだという話が耳に届いた。

Sは同じ頃、内臓の病気をしたのを機に闇金を辞めて友人と飲食店を経営しはじめた。その店の仕入れに行く途中に車が欄干を突き破って転落する事故が起きる。運転していた

Sは命が助かったが同乗していた友人が死亡。S自身もこの事故で半身不随となり車椅子の生活になった。

「そのとき落ちた川が、どうやらおれがブリキのロボットを投げ込んだ川とつながってるらしいんだよ。橋は十キロ以上離れてるけど下流で合流してるんだわ。それを知ったときはさすがに無関係とは思えなかったよね。孫か婆さんかわかんないけど、祟りってことになるんじゃない？　でもこっちはもう罪の分を体で返してチャラにしてもらったってことでいいかなと思ってる」

Sはそう言うと車椅子のひじ掛けをポンと叩いて笑ったそうだ。


そのしばらく後、葉子さんはSのことを見かけなくなったが、別の飲み仲間から彼が亡くなったことを聞かされた。酔って車椅子で帰宅する途中誤って用水路へ転落し溺死したらしい。その用水路がSの言っていた川の上流とつながっていることを葉子さんは地図を見て確認したそうだ。

「チャラにはなってなかったってことですかね」そう彼女は静かに語った。

# 第53話　マロンちゃん

長井くんは友人のマンションに遊びに来ていて、屋上に煙草を吸いにいくと給水タンクのところに「猫に餌をやらないでください」という貼り紙があるのを見つけた。

「その屋上、何度か来てるけど猫なんて見ないし、よそから侵入できるようなところでもないんですよね」

変なの、と思いつつ一服して帰ろうとすると、いつのまにか背後に女が立っていた。

「マロンちゃんを見かけませんでしたか？」

年齢不詳の女は長い髪を風でバサバサいわせながら訊ねてきた。

「猫ですか？」長井くんはとまどいつつ訊き返す。

「マロンちゃんです」女は口元が固まったような笑顔で言った。

「それって猫の……」

「マロンちゃんです！」

急に大声を上げると、女の水色のスカートがみるみる濃い青に変わっていく。どうやら失禁しているらしい。長井くんは逃げるように屋上を出ると部屋にもどり、友人に今あったことを興奮気味に話した。だが友人は曖昧な返事で聞き流している。

「そんなことよりこれ見てくれよ」

そう言って友人が差し出したスマホ画面には屋上にいた女が写っていた。口元が固まったような笑顔は間違いなく本人だ。

「この女だよ！　今屋上で」そう長井くんが言おうとしたのを遮ると友人は真面目な顔で
「かわいい子だろ？　つきあってもいいかなあ」と言う。

「ええっ、なんでおれに訊くんだよ」

「だってほら」

友人がスマホをいじると屋上の女が男とキスしている写真に変わった。

「その相手がどう見てもおれなんですよ、それもつい一週間前に買ったばかりのTシャツ着て、女とすごい不細工な顔でキスしてるんです。全然身に覚えないんですが」

おまえこれどういうことだよ？　合成か？　そう問い質《ただ》したが友人は話を聞いていないのか「つきあってもいいかなあ」とくり返している。

長井くんは埒《らち》が明かないと思ってその場を去り、以来彼とは十年間連絡を取っていない。

帰宅して、キス写真に写っていたTシャツをビニール袋から取り出してみると、まだ袖を通してもいないのになぜかおしっこ臭かったので、そのまま捨ててしまったそうだ。

## 第54話　もぎり

翠さんにはそこを通るたび「足もとに人が埋まっている」ような気がしてしまう道があった。バイト先の事務所から国道沿いの店にお使いを頼まれたときしか基本使わない道だ。左右を畑に挟まれて細くなっているあたりにうつ伏せの状態で、頭を国道方面に向けて埋まっている人がいるように感じる。なぜかありありと思い浮かべてしまうのである。

ある日、職場でガムテープが大量に必要になって、翠さんはホームセンターで買ってくるように言われた。その帰りに例の場所に差しかかると、黒いキャップをかぶった若い男性が立っているのが目に入った。ほとんど人に会わない道なので珍しいなと思いつつ近づいていく。

男性は翠さんが「人が埋まっている」と感じる場所のちょうど真上に立っていた。キャップのつばで顔を隠すようにして、やや落ち着きなく貧乏ゆすりをしているようだ。

こんな細い道で立ち止まっているのはどういうつもりだろう。警戒して歩みが遅くなると、うしろから誰かが翠さんを追い抜いていった。女の人だ。その人は男性の前を通るとき何かを差し出した。男性がそれを受け取り、半分ちぎったものを返す。女の人はそれを受け取ってそのまま先へと歩いていった。もぎり？　と思って目を白黒させている翠さんをまた人が追い抜いていく。今度は中年の男性だ。同じように何か、どうやらチケットのような紙片を差し出してまた半分ちぎられたものを返され、先へ歩いていった。

とても黙って前を素通りはできない雰囲気だったので、翠さんは〈もぎり〉の男性に思い切って声をかけてみた。

「すみません、この先で何かやってるんですか？　イベントとか……」

こんな場所でありえないとは思いつつ、他に何を言えばいいかわからずそう訊ねた。すると男性は顔を上げて「は？」という顔で翠さんを見た。数秒間目が合ったのち、無言で視線をそらされる。まるでこっちが空気の読めないやばい人みたいな扱いだ。

無性に腹が立ったので、翠さんは男性の前を早足で通り抜けた。瞬間、電車がトンネルに入った時のように耳がツーンとなった。驚いて耳抜きをしながら五メートルほど先で立ち止まり、ちらっとふりかえると男性の姿がない。えっどこに行ったの？　姿が隠れるような場所は何もない。ぽかんとして周囲を見回してしまう。

以来、翠さんはその道を通っても「人が埋まっている」という感じがまるでしなくなってしまった。だから埋まってたのはあの男性だったのかもしれない、と密かに思っている。

## 第55話　人形屋

明絵さんは還暦を迎えた頃から急に、子供時代のことを思い出すようになった。十五歳まで住んでいたK市の郊外は、当時かなり治安が悪かった印象があるという。具体的には、近所で暴力沙汰や車やバイクの危険運転による事故が多発していた。同級生で家族が殺人事件の被害者になった人もいる。そんな町で彼女は八歳のとき眼鏡をつくった。学校の視力検査で近視がわかり、近くの商店街にある眼鏡屋で赤いセルフレームの眼鏡を買ってもらったのだ。

その眼鏡屋が、おそらく眼鏡を買って半年も経たないうちに閉店してしまった。ある日前を通ると人形屋に変わっていたのだ。雛《ひな》人形や五月人形を売る店だが、八歳の明絵さんは人形（という字は読めた）の店だから着せ替え人形とか、ミルクを飲む赤ちゃんの人形とか、そういうおもちゃが売ってるのだと思ってうれしくなり中に入ってみたという。だが赤い雛壇にきらびやかなお雛様が並ぶだけで明絵さんの目当ての人形はない。がっかりしていると、雛壇の陰に何かが見えた。

覗いてみると壁と雛壇の隙間の狭いところに布団が敷かれていて、そこに白髪で髭《ひげ》を生やしたおじいさんが横たわっている。眼鏡屋の主人のおじいさんと似ていたが、眼鏡屋はもっと禿《は》げていたと思う。子供ながらに「こんなところに人が寝ているのは変だ」と思ったという。さっきから店員さんが姿を見せないままだが、このおじいさんが店番なのだろうか？　だがおじいさんは眠っているようだし病気みたいに顔色も悪い。明絵さんはおじいさんを起こさないように静かに店を出た。

家に帰ると母親に「眼鏡屋さんなくなってたよー」と知らせた。母親は困ったように「眼鏡が壊れたらどこで直してもらえばいいのかねえ」とぼやいている。だが人形屋の雛壇の裏で寝ていたおじいさんのことを話すと途端に笑い出し、そんなはずないでしょうと言う。絶対に本当だと言っても信じてもらえなかった。

翌日、明絵さんはもう一度人形屋に行ってみた。するとシャッターが閉まっていて中が覗けない。シャッターに何か貼り紙されていたので、近くを通りかかった大人を呼び止めて読んでもらった。「眼鏡屋さんのご主人がね、急な病気で亡くなったんだって。だからお店を閉めますっていう知らせだよ」。そう聞かされて明絵さんは「お人形屋さんはどうなったの?」と訊ねた。すると大人は首をかしげて「人形屋なんてないよ」と言う。見上げると昨日掲げられていたばずの人形屋の看板は見当たらず、見慣れた眼鏡の絵の描かれた看板があった。昨日は他の店と間違えたのかと思って商店街を何往復もしてみたが、人形屋はどこにもなかったそうだ。

それから五、六年後、中学生の明絵さんは友達の家に行った帰りに商店街を歩いていた。かつて眼鏡屋だった建物の前にさしかかる。あの後しばらくパン屋が入っていたが、今はまた四六時中シャッターが閉まっていた。だが建物に人は住んでいるのか、二階の軒下に洗濯物が干されていた。明絵さんは足を止め、あのときの人形屋って何だったんだろう、と考えた。そのとき二階の窓が開き、髭を生やしたおじいさんが顔を出した。人形屋で寝ていたおじいさんだ、と思った明絵さんは、びっくりしたのと「あれは本当のことだったんだ」といううれしさで思わずおじいさんに手を振ったという。

するとおじいさんはひどく迷惑そうな顔をして、ぴしゃりと窓を閉めてしまったそうだ。

## 第56話 隣家の夫婦

これも明絵さんの話。当時の自宅は同じ敷地に四軒並んでいる平屋の借家で、隣の棟には子供のいない夫婦が住んでいた。旦那さんは愛想のいい明るい人だが奥さんは陰気で挨拶しても目も合わさず無言。だから明絵さんは奥さんのことが嫌いだった。

ある日小学校から帰ってくると、隣家の旦那さんが植木鉢に如雨露《じょうろ》で水をやっている。挨拶すると「うちに今羊羹《ようかん》があるから食べに来るかい?」と言う。明絵さんは甘いものは好物だが奥さんに会うのは嫌だ。すると心中を見透かしたように旦那さんは「今うちのは田舎に帰ってるから、一人で食べてもつまらないんだよね」と笑う。それならいいやと思って明絵さんはごちそうになることにした。

羊羹を食べながら「学校の勉強は難しいの?」などと訊かれ、適当に返事をしていたらドアの開く音がしたという。明絵さんの家とまったく同じつくりだからわかる、トイレのドアの音だ。誰かいるのかな、と思って廊下を窺うが誰も来る様子がない。旦那さんは聞こえなかったのか、気にすることなく何か冗談を言って自分で笑っていた。明絵さんは気になってトイレを借りるふりをして廊下に出てみた。すると突き当たりの、トイレのドアの前に奥さんが立っていた。

なんだいるんじゃない、と一瞬思ったが何かがおかしい。ぱっと見は奥さんのようだがよく見るとだんだん人形に見えてくるのだ。それも本物そっくりな蝋《ろう》人形みたいに見えたのだが、おかしいなと思ってじろじろ見るうちに普通のマネキン人形に見えてきた。なお見続けると最後には布にぼろきれを詰めて作ったようなみすぼらしい人形に変わっていたという。人形は床にどさっと倒れておかしな姿勢で首だけこっちを見て、なんだか泣いているような顔をしている。それを見た明絵さんは急に体が震えるような怖さを感じた。理由はわからないが人形そのものより旦那さんのことが怖くなった。明絵さんはそのまま黙って玄関を飛び出して家に帰ってしまった。

その後ほどなく、隣家の夫婦はいなくなったと明絵さんは言う。少なくともその日以来二人に会っていないそうだ。

二人の行方についての噂は、子供の耳には届かなかったようだ。

## 第57話 アスパラガス

菜奈さんが中学生の頃、どういう経緯だったか自宅の庭で家族写真を撮ることになった。両親と祖母、弟と菜奈さんの五人で松の木の前に並び、窓を開け放った居間に置かれたカメラでタイマー撮影をした。誰かが目をつぶってしまったり、動いてしまって何度か撮り直したことを覚えているという。

そのとき撮ったと思われる写真がアルバムの中にある。

祖母はもちろん両親も数年前に続けて亡くなり、今はそれぞれ四十代になっている姉弟は両親の死後に遺品を整理していてそのアルバムを見つけたそうだ。

そこに収められている写真は主に姉弟が幼かった頃のもので、庭での家族写真は最後のページに貼り付けられていた。弟がふと眉間に皺《しわ》を寄せてこんなことを言う。

「これさあ、ばあちゃんの首からアスパラガス生えてない？」

何馬鹿なことを言ってるの、と菜奈さんは写真を見た。すると弟の言ったとおり、祖母の首の右側に緑色のアスパラガスそっくりなものが一本生えているように見える。

「うしろの木に生えてるのがそう見えるだけじゃない？」

「松の木にアスパラガスは生えないだろ」

「アスパラガスに似てるだけで、木の枝か何かの一部だよきっと」

「いやどう見てもアスパラガスじゃんか、それにやっぱりこれ、どう見てもばあちゃんの首から生えてるって」

思わず菜奈さんは在りし日の祖母の姿を思い浮かべてしまった。

もちろん首からアスパラガスが生えていたことなど一度もない。

弟は腕組みして考え込んでしまっている。

その晩、菜奈さんはなぜか無性にアスパラガスが食べたくなり、大量のアスパラガスを買ってきて炒め物や揚げ物、サラダなどにして食べまくった。

「弟も同じだったらしいんだけど、彼はそもそもアスパラガスが嫌いで全然食べない人だったんですよね。なのにその日を境に大好物になっちゃって『こんな旨いものがこの世にあったのか』って言ってて。ちょっと目つきが普通じゃないくらいでした」

最近ひさしぶりに例の家族写真を見たところ、祖母の首から生えていたアスパラガスのようなものが跡形もなく消えていた。弟は相変わらずアスパラガスに狂っているらしい。

## 第58話 穴

苑江さんの小中学校の同級生で親友だったユリは、中三のとき親の仕事の都合で広島へ引っ越していった。

大学生のとき、苑江さんは夏休みに広島までユリに会いにいったことがあるそうだ。一日目はユリにいろんな場所へ案内してもらいながら思い出話で盛り上がり、二人で一緒の旅館に泊まった。

だが二日目になると苑江さんはだんだん違和感や息苦しさを覚えるようになる。

中学までのユリは自分と似たものどうしで、好きなアイドルや漫画の話で盛り上がれる友達だった。だが今のユリは地元大学のイベント系のサークルに所属していて、そこでの別人のような活躍ぶりを話してくれるのはいいとして、かつて苑江さんと一緒に夢中だった趣味を見下しているような態度が端々に感じられたのだという。

本当はその日の夕方に帰る予定だったが、ユリと駅で別れ、新幹線の駅まで移動する途中に苑江さんはなんとなく途中下車してしまう。

まったく土地勘のない町をふらっと歩いて、目についたいかにも安そうな古いビジネスホテルに飛び込みで部屋を取った。

荷物を置いて外出すると、たまたま目についた食堂で夕食を取り、お酒も少し飲んだ。そういう慣れないことをしながら苑江さんは、五年ぶりに再会した親友の変貌に、自分が意外なほど深く傷ついているのに気づいたそうだ。

このまま東京にもどってしまったら、気持ちに重く淀んだもの全部持って帰ってしまう。だからワンクッション置くために途中下車したのかもしれない。

そう思いながらほろ酔いでホテルに帰ると、苑江さんはシャワーを浴びることにした。安くて古いわりにちゃんとしたホテルだと思っていたが、シャワーカーテンを引いてみて笑ってしまった。胸の高さにピンポン玉くらいの穴が開いているのだ。

穴のふちが黒くなっていて、焦げ穴なのかなと思う。気にせずシャワーを浴び始めるが、温度が不安定で急に火傷しそうな熱さになったり、ただの水のように冷たくなったりした。どうにか頭と体を洗い終え、泡を流しているとシャワーカーテンがぽふ、と音を立てた。

まるで外側から何かが当たったような音だ。めくって洗面台や便器のほうを見たが、ぶつかるようなものは何も見当たらない。

ふたたび泡を流し始めると、今度はシャワーカーテンがぽふ、ぽふ、と二度音を立てた。いったい何の音なんだろう？　と眉をひそめてカーテンを見た苑江さんは息を呑んだ。

穴から目玉が覗いていたのだ。

血走った、あきらかに人間の目だったという。

しかも向こう側から顔を押しつけたようにカーテンが盛り上がってくる。

苑江さんは恐怖で身動きが取れなくなり、声も出せなかった。

目玉はぐりぐりと左右にせわしなく動いていて、なぜか目の前にいる苑江さんのことは素通りして見ていないようだった。

ふいに穴から目玉が離れると、シャワーカーテンがすっと元通り平らになった。

一時間くらいその場で固まっていた苑江さんが思い切ってシャワーカーテンを開けると、ユニットバス内には誰もいない。客室のドアにもしっかりドアチェーンが掛かっていて、人が侵入した形跡はなかったそうだ。

そのまま朝までまんじりともせず過ごし、電車が動き出す時間にはチェックアウトした。

「そういうことがあったから、なんかユリとのことは完全に吹き飛んじゃったというか。本当なら振り返るたび胸が痛くなるような思い出になったんだろうけど、結果的にあの旅行のことを思い出すと、真っ先に穴から覗く血走った目玉が思い浮かぶので……」

恐ろしいような悲しいような変な気分ですよ、と苑江さんは語ってくれた。

# 第59話　アミメ

史弥さんは独身時代に住んでいたアパートでたびたび不思議な体験をしている。浴室に西向きの窓がついていたのだが、その窓から差し込む日差しが時々、網目状の影をつくっていたことがあるのだ。

窓には網戸がついているが、影の網目はもっと大きくて太い、くっきりしたものだ。まるで窓の前にそういうフェンスでも立っているかのような影だけれど、じっさいには窓の向こうには空しかない。アパートは崖のへりに建っていて、その二階だから影をつくるようなものは外に何もないはずなのだ。

西日の差す時刻に浴室にいることはあまりないから、気づいたのは引っ越して一年近く経ってからだという。不思議ではあったが現象として地味なので、人に話しても反応が薄い。何かの勘違いだろうという顔で見られるし、不思議な現象だということまでは認めても、だから何？　という以上の反応はもらえなかった。史弥さんは人に話すのはやめて、地道に観察を続けることにした。

その結果、影が現れるのはどうやら日没の約二時間前から一時間前にかけてで、窓枠など他の実在物の影と連動して浴槽や床の上を移動していくことがわかったという。

そしてもっとも不思議なのは、史弥さんがその網目の影の中に入ってしばらくじっとしているると、窓枠などはそのまま残して網目の影だけふっと消えてしまうのである。何度も試してみたが結果は同じだった。そのせいで影を少し舐めていたかもしれないと彼は言う。

あるときひさしぶりに影が現れたので、史弥さんは湯船にお湯を溜めることにした。これまでは観察するばかりでその時間帯に湯につかったことはなかったが、なんとなく気まぐれを起こしたのだそうだ。

裸になって湯に入ると、ちょうど網目の影が顔にかかっているのがわかる。だが、この日はなかなか影が消えなかった。おかしいなと思いつつ湯の中でじっと待ったが、影は消えるどころか窓枠の影が移動してしまった後も史弥さんを覆った状態で残っていた。

急に不安になり、立ち上がろうとしたが体が動かない。本当に鋼鉄の網を上から被せられたように、頭や肩が何かに押さえつけられていた。史弥さんは恐怖を覚え必死に抵抗してどうにか湯船の外に転がり落ちた。立ち上がると網目の影はすでに浴室から消えていた。

「体験者が実際に命を落とす怪異現象って、案外地味なのが多いのかもって思うんですよね。油断させられるっていうか――」

このときの自身の経験を踏まえて、史弥さんはそう語った。

# 第60話 いちじく

大学生の頃の話だという。

夏葉さんが卒論の準備のため大学の図書館にこもって資料探しをしていたら、あっというまに閉館時刻になってしまった。

外に出るとすっかり夜になっている。空腹を感じたが、最近バイトをしていないのであまりお金がない。外食は控えてアパートで何かつくることにしたそうだ。

アパートは大学の二駅隣だが、駅前にめぼしいスーパーがないのでこっちで買い物をしていこうと思い、大学と駅の間にある大型スーパーを覗いてみた。

安い肉や野菜を適当に見繕《みつくろ》ってレジへ行く。すると、一足先に会計を終えて袋詰めをしている人に見覚えがあった。

さっきまで図書館にいた人だ。眼鏡をかけた長い髪の、三十歳くらいの女性。院生かな？　と思いつつ夏葉さんも会計を終えて近くのサッカー台へかごを置いた。

夏葉さんのほうが買い物が少ないからか、店を出るタイミングがほぼ同時だったという。

女性のすぐうしろを駅に向かって歩いていく格好になった。

改札を入り、ホームへの階段を上っていくときも「同じ方向なんだな」と思った。一つ隣のドアから電車に乗り込んだあとも、ついその女性のことを窺ってしまう。女性は席に座って携帯電話を見ている。やがて夏葉さんの降りる駅に電車が停まると女性も立ち上がった。「駅も同じなのか」と驚きながら、また女性のうしろを歩く形で階段を下り、改札を出た。

改札を出て右へ行くと北口で、夏葉さんのアパートのある方向だ。女性は右へ進んだ。その後も十字路やT字路、あらゆる分岐を女性は夏葉さんが進む方向へ先取りするように歩いていった。夏葉さんはまるで自分がその人のことを尾行しているような錯覚に襲われる。

やがてアパートの前にやってきて、女性が敷地に足を踏み入れるのを見て夏葉さんはさすがに足が止まってしまった。偶然同じアパートの住人だったということなのか。それとも友達か恋人がここに住んでいる可能性もあるだろう。女性は外階段を上り、二階の通路を歩いていく。右から二番めのドアの前に立ちチャイムを鳴らしている。夏葉さんは唖然とした。そこは彼女の部屋だった。

するとドアが開いて、何か赤みを帯びたものがぬっと現れた。いちじくの実に似ているが、大きさはちょうど人の頭くらいあった。どうやらその下に、夏葉さんが昔着ていてもう捨てたはずの部屋着を着た胴体と手足が続いている。だが人の頭にしては、そのいちじくのようなものには目も鼻も口も耳も見当たらなかった。

女性を部屋に通すと、いちじく頭はまっすぐ夏葉さんのほうを見た。目がなくてもなぜかこちらをじっと見ていることが夏葉さんにはわかったそうだ。

「へんなかおだとおもってるんでしょ！」

いちじくは風呂場で反響するようなおかしな響きの声で叫ぶと、バタンとドアを閉じてしまった。


警察に通報するべきかどうか、迷った末に断念して夏葉さんは近所に住む友達に助けを求めた。一緒に来てもらって部屋のドアをおそるおそる開けると、中は今朝出かけたときと何も変わっておらず、誰かが入り込んだ形跡はなかったという。

卒業を待たずに夏葉さんは部屋を引っ越した。親には「社会人になって忙しくなる前に環境に慣れたほうがいいから」とかなんとかうまく言ってお金を出してもらったそうだ。

その後も何度か、大学の図書館で夏葉さんはあの眼鏡の女性を見かけている。職員と話しているのを見たこともあるし、どう見ても生身の普通の人間だったという。

## 第61話 ウイッグ

克哉さんは夜寝る前テーブルの下を見たらウィッグがあったので、彼女が忘れていったのかな？ と思いつつ、そのままにして眠ったら午前三時頃目が覚めた。寝苦しかったのでエアコンのリモコンを探したところ、テーブルの下に目が行く。するとそこにあったウィッグが持ち上がって、下から細い目の女の顔が現れた。神経質そうに左右を見回していたという。

えっと固まっていると顔はすとんと落ちて、そのままウィッグごと床に吸い込まれて消えた。

考えたら彼女がウィッグつけてるのなんて見たことないんですよね、と克哉さんは苦笑する。ちなみに真下の部屋は異様に住人の入れ替わりが激しいそうだ。

## 第62話 宿題部屋

辰雄さんの自宅には小学四年生の頃まで宿題専用の部屋があったという。

集中力のない辰雄さんは自分の部屋ではつい漫画を読んでしまうし、居間ではテレビを見てしまっていっこうに宿題が片付かなかった。だから専用の宿題部屋に閉じこもることで、それらの誘惑を断ち切って短時間で集中して問題を解いたり、作文を書いたりすることができたのだ。

部屋には見張り役の先生も常駐していた。とても無口な女の先生だったが、見張られていると思うと不思議と頑張ることができたし、時にはわからない問題に的確なアドバイスもしてくれた。先生の存在もそうだし、その部屋にいるとなんだかうれしいのと心が落ち着くのとで、嫌いな勉強に取り組むのも苦にならなかった。夏休みの最後の数日間など、朝から晩までその部屋にこもって山のような宿題を片付けていったことを覚えている。

そんな部屋があるはずはない、と気づいたのは大人になってからだった。

だいたい、宿題をしていないときの部屋の記憶が辰雄さんにはまるでないのだ。家の中のどこに部屋があったか、ふだんは何に使われていたかも思い出せない。自宅は小五のとき引っ越してしまったのでもう確かめられないが、親に話しても「宿題なんて、自分の部屋でやってたでしょう」と言われるだけだ。

　先生に関しては、中学生のとき一時、家庭教師をつけられたことはあるが、それは男の先生だから混同しているわけでもなさそうである。思い出すたび落ち着かない気持ちになっていたが、数年前に帰省した際、母親の部屋の模様替えを手伝ったときのことである。年代物の衣装箪笥を動かすために中身を外に出すと、そのなかに幾何学的な手彫りの模様の入った木箱があった。ティッシュの箱より一回り大きくて蓋には蝶番《ちょうつがい》がついている。何気なく開けてみた辰雄さんは思わず「あっ」と声を出した。

　箱の中は布張りになっていて、ミニチュアの椅子と机が置かれていた。宿題の部屋だ、と辰雄さんは思った。その明るいグレーは部屋の床と壁の色と同じだった。机と椅子のデザインにも見覚えがある。そしてもう一つ、箱の中にはカエルの人形がよこたわっていた。大きくて離れた目の愛嬌ある顔は、見張り役の先生の顔とそっくりだった。

　おれ、子供のときこの中で宿題やってたんだよ！　感極まってそう母親に告げると「何を馬鹿なことを」という目で見られただけだったそうだ。

第63話

# 階段の途中

存在しないはずの部屋の話としては、こんなのもある。

朱音さんが昔通っていた英会話塾はイギリス人男性と日本人女性の夫婦が経営していた。自宅の二階に教室があって、授業のある日は庭側のガラス戸が解放され、生徒たちはそこから自由に出入りしていた。入ると吹き抜けのリビングで、その隅に階段がある。塾に通うようになって一年ほど経った頃、いつものように朱音さんが階段を上っていくと、右手の壁にくすんだような青い色の扉がついていた。扉には銀色のドアレバーもある。いつのまに取り付けたんだろう。扉の向こうは物置かな？　小さめの扉だし、まさか階段の途中なんかに部屋はつくらないよね、などと朱音さんは興味津々だったそうだ。

ところが、帰りに階段を下りていくと、そんな扉は見当たらない。タペストリーなどで隠されているわけでもなく、むき出しの壁は先週から何も変化していないようだ。さっきのは見間違いだったのかと思い、納得できないながらそのまま忘れて数年が過ぎた。

中学生になった朱音さんは部活が忙しいこともあり、一年生の二学期で英会話塾をやめることになった。その最後の授業の日、授業後に先生夫妻と何人かの生徒でお別れ会を開いてもらった。おいしいケーキを食べ紅茶を飲み、他の生徒たちが帰った後も朱音さんだけが残って先生たちとおしゃべりをした。

そしていよいよ帰ろうと教室を出て、階段を下りていくと壁にくすんだ青色の扉があった。何年も前に見たあの扉だ。驚いてふりかえると、一緒に下りてきていたはずの夫妻の姿がない。下のリビングもがらんとしている。まるで自分だけが家に取り残されたような気持になった。朱音さんは少し迷ったけれど、思い切って扉を開けてみたという。

すると扉の向こうは意外に広い空間で、薄暗いけれど明かりが灯っている。床には子供が座っているようだった。だが目を凝らすと、それはとても小柄なおばあさんだった。

おばあさんは開いているのかよくわからない目をこちらに向け、何か激しい口調で言ってきた。どうやら怒っているらしいというのと、英語だということしかわからない。恐怖で立ちすくんでいたら目の前がすっと暗くなった。

気がつくと朱音さんは自宅にいた。両親の話では、塾の先生が車で送ってきてくれたのだという。疲れて眠ってしまったみたいです、と先生に抱きかかえられていたそうだ。

何日か迷ったすえに、朱音さんは英会話塾を訪ねてみることにした。あの部屋が何だったのか、おばあさんは誰なのかどうしても知りたかったのだ。

だが家は人の気配がなくインターフォンにも反応がなかった。

一か月後には英会話塾の看板も表札も外されてしまい、家は空き家になっていたという。

## 第64話　救急

佑太さんがバイト帰りにコンビニで雑誌を立ち読みしていると、どこからかセロリの青臭い匂いがふと香ってきた。ちっと舌打ちして佑太さんは周囲を睨みつけた。彼はセロリの匂いも味も大嫌いだったのだ。誰かがセロリを持って店に入ってきたのか。目に入る範囲にスーパーの袋やエコバッグを提げた客はいない。

だが匂いは消えるどころかますます濃くなってくるので、我慢できなくなった佑太さんは読みかけの雑誌をもどして外に出てしまう。

「バーカ。セロリ持って入ってくるような非常識な客のいるコンビニじゃ酒もつまみも買ってやらねーよ」

そう心の中で悪態をつきながら、そこから徒歩数分の別のコンビニに向かう。ところが店の前に来て彼は愕然とした。店内には明かりがなく、ドアには改装のため一時閉店という貼り紙が出ていたのである。

そうなるとやはりさっきのコンビニで買い物をしなければ、今夜は晩酌抜きということになってしまう。もう最悪なセロリの客も店を出た頃だろう、そう思って道を引き返していくと、コンビニの駐車場に救急車が停まっていた。

救急隊員が休憩中に買い物をしてるとかトイレを借りてるとか、そういうのではない停め方だ。立ち止まって様子を窺っていると、中から年寄りの男が担架で運び出されてきた。

だが担架の上の年寄りは何やらものすごい早口で救急隊員に話しかけている。隊員のほうもにこやかに、というより異様にくだけた態度で年寄りに返答していた。

「たぶん搬送する途中にあなた死ぬと思うんだけど、まあ、運ぶだけ運びますわ」

そんな信じがたい言葉が聞き取れたそうだ。すると担架の上の年寄りは怒り出すどころか腹を抱えて笑い、身をよじり手を叩いて喜んでいる。年寄りか隊員かわからないが、誰かが大きな音をたてて放屁するのも聞こえてきた。布団を布団叩きで叩くような音だった。

年寄りを収容すると救急車は、急に現実にもどったように大きなサイレンを鳴らしながら夜道を遠ざかっていった。佑太さんはまだ呆然としたまま駐車場に立ち尽くしている。

我に返ってコンビニの店内に足を踏み入れると、ちょうどトイレから出てきた女がセロリを齧りながら「あの爺さん、今死んだわよ」と佑太さんに囁いて店を出ていったという。

「これ全部本当のことなので、そのまま書いてください。どこも削らないでくださいね」

今は二児のパパである佑太さんは、子供の写真を見せてくれたときと同じ目で、言った。

## 第65話　劇場のポスター

まだ幼い長女を育てていた頃、由布子さんは東日本のとある団地に住んでいた。

近所にいつも入口にシャッターの下りている劇場があって、壁にポスターが貼ってあったのを覚えている。かなり古びていて、公演の日時などは破れて読めなかった。公演のタイトルは「胡椒《こしょう》頭の姉妹」というものだったと思う。モノクロのポスター。

その劇場前の庇《ひさし》の下に、いつからかホームレスの女性が座っているのを見かけるようになったという。年齢は六十代くらい。女性は由布子さんがベビーカーを押して前を通るのをいつもニコニコして眺めていたが、ある日「奥さん、いつも裸足《はだし》ですよねえ」と声をかけてきた。

由布子さんは言われた意味がよくわからず、曖昧に「はあ」と言いながら通り過ぎた。サンダル履きならともかく、そのときはスニーカーを履いていた。子供には靴を履かせていたし、どう見ても「いつも裸足」ということはないのだが、それからは劇場の前を通るたび「奥さん、いつも裸足ですねえ」とその女性が声をかけてくるようになった。幼い子供を連れて過敏になっていたせいもあるだろう。べつにそれ以上何をされたというわけでもないのに、由布子さんは劇場の前を避けるようになったという。

とある休日に夫と娘を家に置いて、ひさしぶりに一人で外出したとき劇場の前を通ると、ホームレス女性の姿がなかった。今日はいないんだな、と思いつつなんとなく壁のポスターに目を向ける。すると五人横並びに写っている女優たちが全員裸足だということにそのとき初めて気づいた。ああ、このポスターのことを言っていたのか。そう合点がいくと由布子さんはホームレス女性を疎《うと》んでしまったことを悔み、悪いことをしたなと思う。

そのときうしろから近所の奥さんが歩いてきたので挨拶をした。すると奥さんは目を丸くして由布子さんの足元を見ている。「どうなさったんですが、靴……」

そう言われてはっとして見下ろすと、由布子さんは自分が裸足で道路に立っていることに気づいた。周囲を見回したけれど靴は落ちていない。奥さんは会釈しながらそそくさと立ち去ってしまった。由布子さんはしかたなく来た道をもどったけれど、履いていたはずの靴はどこにも落ちていなかった。自宅の玄関にも見当たらなかった。

わけがわからないまま違う靴を履いて出直すと、ふたたび劇場の前に差し掛かった。ポスターを何気なく見て由布子さんは唖然としたという。

さっき確かに裸足だったはずの五人の女性たちは、全員靴を履いていたのである。

# 第66話　魚の世話

紗弓さんの地元のラブホテルで殺人事件があった。二〇〇〇年前後のことである。殺された女性は近所に住む従姉《いとこ》の元同級生で、直接知っている人ではないものの、そんな身近な人が被害者になる事件は初めてだったので当時中学生だった紗弓さんはショックを受け、夜道がすっかり怖くなってしまった。それまで自転車で通っていた塾にも母に車で迎えに来てもらうようになる。

ある日、授業が終わって外に出ると家の車が停まっていた。が、運転席にいるのは母ではなく従姉だった。聞けば母は急用で来れなくなったのでかわりに迎えに来てくれたのだという。

お従姉《ねえ》ちゃん運転なんてできたの？　紗弓さんが驚いて訊ねると、ほぼペーパードライバーだけどね、と従姉は笑っている。はたして彼女の運転は少々ぎこちないところはあるものの、十分ほどの道のりを問題なく走らせて家までたどり着いた。

車を車庫に収めて外に出ると、従姉はそのまま歩いて帰ろうとする。「うちに寄っていきなよ」と紗弓さんは声をかけたが、従姉は首を横に振った。

「帰って魚の世話しなきゃならないから、また今度ね」

そう言って夜道を歩いていってしまった。魚を飼っているなんて初耳だな、熱帯魚なのかなと思いながら家に入ると、リビングのソファで母が居眠りをしていた。目を覚まして紗弓さんの姿に気づくと、

「うわーごめん居眠りしちゃったみたい！　歩いて帰ってきたんだよね？　ごめんねー」

そうひどく慌てているので紗弓さんはとまどいながら答えた。

「お従姉ちゃんがかわりに迎えに来てくれたよ。ママが頼んでくれたんでしょ？」

だが母親はそんなことは頼んでいないし、そもそも従姉は運転免許を持っていないはずだという。

言われてみれば紗弓さんは従姉から車の鍵を返してもらっていない。母親に頼んで調べてもらったら、スペアも含めて車の鍵はちゃんと家にあって持ち出された様子はなかった。わけがわからなくなった紗弓さんは、その夜のうちに徒歩十数分の距離にある従姉の家を訪ねた。従姉は在宅していたが、迎えに来てくれたときとは髪型が違っていた。思い切って短くしたんだね、という会話を車内でしたはずなのに元の長さのままなのだ。その時点ですっかり自信は失せていたが念のため訊ねると、やはり従姉は紗弓さんを塾に迎えにいってないし、免許も持っていないという。

ただ、少し前から熱帯魚を飼い始めたということだけは事実だったそうだ。

# 第67話 柵の中の子供

佳奈さんは高校を中退した当時、気の合わない両親のいる家にいたくないから出会い系サイトで知り合った三十歳のサラリーマンと同棲を始めた。

だがその男がモラハラ気質で手を上げることこそないものの、きみは生活がだらしないとか肌の露出が多すぎるとか考えが甘いとか、事あるごとにねちねちと佳奈さんを責めてくる。佳奈さんは最初は反論していたが言い返すと十倍の説教になって返ってくるので、いやになったが出ていくお金も当てもないので毎日近所を散歩をして気を紛らわせていたという。

男と住むマンションは町はずれにあって周囲はわりと自然に恵まれていた。佳奈さんは丘に登って高いところから町を見渡すのが好きだった。自分たちの暮らすマンションもおもちゃみたいに小さく見え、そこで暮らす自分も虫みたいなものだと思うと不思議と心が安らぐのを感じたそうだ。

あるとき丘の上の住宅と林のまだらになったところを歩いていたら、送電線の鉄塔の下に出た。鉄塔のまわりには柵が巡らされ立ち入り禁止の看板が出ている。佳奈さんはその柵にもたれるようにして煙草を吸い、空を見上げ煙を吐いた。青空をよこぎる電線をぼんやり眺めていたら背後で音がした。見ると黒いランドセルを背負った子供が柵の中にいて何かぶつぶつ言いながら鉄塔を撫でまわしている。

「危ないから入っちゃだめだよ、出ておいで」

佳奈さんはそう声をかけたが、子供は無反応で鉄塔を撫で続けていた。ふたたび声をかけると子供はこちらを見もせず、ただぶつぶつ言っていたつぶやきが歌のような節のあるものに変わっていたという。

「てもあしもー、はなもー、みみもー、ほねもかわもー、かみのけもー」

そうくりかえすところがなんだか妙に耳に残り、にわかに眠気を誘われたそうだ。

気がつくと子供はどこかへ行ってしまっていた。けれど歌のような声だけしばらく聞こえていた。風に乗って聞こえてくるのかと思い、風上を探してみると草むらに長年放置されたような汚く表面がひび割れたスポーツバッグが落ちているのを見つけた。

しばし躊躇したのち思い切ってファスナーを開けてみると、一瞬子供の声が大きくなって思わずのけぞってしまったが、そのまま声はふっと消えた。中は空っぽだったそうだ。

帰宅した佳奈さんは、男に鉄塔の下で見た子供のことを話したという。

すると案の定、男は佳奈さんに向かって説教を始めた。

「子供が危険な場所にいたんでしょう？　そんな呑気な対応して何かあったらどうするの。その子、柵の中から出られなくなってたんじゃないの？　君一人で助けられないよね。警察は呼んだの？　子供が見当たらなくなったから放っといて帰ってきたわけ？　鉄塔に登ってたらどうするの？　その子が死んだら君の責任だってわかってる？」

佳奈さんは無言のまま、拾ってきたスポーツバッグを男の前に突き出したそうだ。

「何これ？」

そう言って一瞬ぽかんとした男の顔が、すぐに真っ青になり唇が震えはじめた。

「あっそうだ！　ちょっと今仕事が例のあれでさ、至急来いって呼ばれてるの思い出したから大急ぎで行ってくるわ」

そう上ずった声でまくしたてると男はひどく慌てた様子で身支度を始め、「今日は帰らないから！」と叫ぶとそのバッグを佳奈さんからひったくるように奪って玄関を飛び出していってしまった。

男に見せるまで佳奈さんは自分でもスポーツバッグを持ち帰っていることに気づかなかったそうである。

なぜ男の前にそれを突き出したのか、男があんな異様な反応を見せたのかもわからない。

彼はその日出ていったきり帰ってこなかった。二週間後に佳奈さんは寮つきの仕事を見つけて、男が不在のままのそのマンションを出たという。

だから彼がその後どうなったのかは今もまったく知らないそうだ。

# 第68話　三度聞いた話

岳弥さんは若い頃、ご自身が主催したものも含めて計三度、夜を徹しての百物語会に参加したことがある。

その三度とも、参加者の誰かによって語られた同じ話というのがあるらしい。録音やくわしい記録などは残っていないが、参加メンバーにほとんど被りはなく、語ったのはそれぞれ別人だったはずだ。かといって内容的にありふれた都市伝説のたぐいでもない。岳弥さんの知る限り、周囲で似たような話を語っている人もいなかった。

三人はそれぞれ個別によく似た体験をしたのか、それとも同じ人物の体験をそれぞれ偶然耳に入れたのか。妙に気になったまま四半世紀近く経ってしまったそうだ。

それはこんな話である。

とある寺院の境内に池があって、鯉《こい》が飼われていた。散歩の途中に寺院に寄ると、池のほとりに見知らぬ老婆がしゃがみ込んで鯉に麩《ふ》を与えている。

少し離れたところから見ていたら、餌目当てに老婆の傍にわらわらと集まる鯉の中に一匹だけ、他と違う姿のものがいた。頭に角のようなものが二本生えているのだ。ひげの見間違いではない、たしかに角だ。

「おばあちゃん。その鯉、角が生えていますね」

思わず話しかけると、老婆はこちらに視線をよこしてにやっと笑った。その笑顔があまりに不気味だったのでたじろぎ、そのまま逃げるように境内を立ち去ったという。

家に帰るとなんだか体が熱っぽい。ひどく悪寒もしていた。パジャマに着替える気力もなく、そのまま寝床に入るとすぐに眠ってしまったそうだ。

すると夢の中にさっきの老婆が現れた。老婆は不気味な笑顔のまま近づいてきた。そしてひっつめにしていた白髪をおもむろにほどくと、頭に牛のような二本の角が現れた。

驚いて逃げようとするが体が動かない。老婆は頭を下げてぐいぐいと押しつけてくる。脇腹に角が刺さってとても痛い。やめてやめて、と懇願するが老婆はやめてくれない。痛い痛い、と泣き叫んでいたら目が覚めた。

夢だと知りほっとしたが、痛みは消えていなかったという。シャツの裾をめくってみると、脇腹にくっきりと二つの穴があいていた。血は出ていないが深さは一センチほどある。不思議なことに、着ていたシャツには何の痕跡もなかったそうである。

# 第69話　栞紐が切れる

公務員の枝里子さんの話。

あるとき彼女が部屋で食事をしていると、視界をひらひらと舞う赤いものが見えた。床に落ちたそれを拾ってみると赤い平紐で、すぐに本の栞紐《しおりひも》だとわかったという。

本棚を見るとたしかに栞紐の取れてしまった本が一冊見つかる。最近新品で買ったばかりの本だったので、古くなって劣化したわけでもないのにこんなことあるんだな、とそのときは思ったそうだ。

だがそれからも本棚の本から一本また一本と栞紐が取れていった。ほとんどは新しい本だし、栞紐の取れてしまった本をよく見ると根本の部分でちぎり取られたようになっている。枝里子さんはそんな乱暴な扱い方をした覚えがないし、部屋には最近誰も来ていない。

おかしいなとは思ったし、買ったばかりの本の栞紐が取れてしまうのは悲しい。だがそれだけと言えばそれだけのことだから、放っておいたら同じように栞紐が取れて床に落ちているという現象が続く。

この現象が気になってから意識してすべての栞紐をページに挟むようにしているから、

もし取れたとしても本に挟まったままのはずだ。なのに栞紐はどれも床に落ちていた。これでは誰かが引きちぎって床に捨てているとしか思えない。

霊感の強い友達がいたので部屋に来てもらうと、友達曰く「本棚が原因だね」とのこと。たしかにこの現象が始まったのは本棚を買い替えてからだ。だが枝里子さんが自分で組み立てた新品の本棚で、いわくつきのリサイクル品といった話ではない。
「材料の木を伐採した際の事故で人が死んでると思う。たぶんその人、首がちぎれてるよ」と友達。「でもこれ合板でしょ？　人が死んだ木が使われてるけど材料全体から見たら一パーセントかそれ以下じゃないかな。だから栞紐切れる程度のことで済んでるんだと思う」

枝里子さんは友達の話を鵜呑《うの》みにしたわけではないが、本の栞紐が次々ちぎれていくこと自体は事実なので、もったいないと思いつつ本棚は粗大ゴミに出してしまったそうだ。
「出費は痛かったけど幸い次に買い替えた本棚で何も異常は起きてないです」そう彼女は語る。「でもうちの自治体の粗大ゴミは一部リユースされてるみたいなんで、あの本棚今でも誰かの家で栞紐ちぎり続けてる可能性はありますね」

## 第70話　活字酔い

眠れない晩に豪さんがいつも開く本があるという。のちに大学教授になったMという元同級生の書いた経済学関係の本で、豪さんには内容が専門的すぎてさっぱり理解できない。難しい本だから眠くなってちょうどいい、のかと思えばそうではないらしい。

「ベッドでその本をぱらぱらめくってると、学生時代にMと安居酒屋で飲んだときの光景が目に浮かぶんですよ。それもただ記憶としてよみがえるだけじゃなく、本当にその場にいるみたいに生々しく酒や肴の匂い、店の喧騒まで感じるんです」

Mと酒を酌み交わすなつかしい光景の中で、実際に気持ちよく酔いが回ってくるのがわかる。顔や体が熱くなり、意識がぼーっとした豪さんは幸福な眠りに落ちるのだ。

そういうことが起こるようになったのは五年ほど前。つまりMが四十代の若さで急逝してからのことである。

「実は同じ頃に私も体を悪くして酒を断ってるんですね。だからもう何年もアルコールと無縁な生活を送ってるのに、寝床であいつの本を開いたときだけ酒が味わえるんですよ」

たぶんMのやつも傍に来てて、一緒に酔ってるんでしょうと豪さんは笑った。

# 第71話　観音

倫代さんの実家のクリーニング店におかしな客が来たのだという。

閉店時間の二十時ちょっと前、若い女が駆け込んできた。手ぶらだったので受け取り客だと思い「伝票をいただけますか」と母が声をかけると女は青ざめた顔で、

「警察を呼んでください」と荒く乱れた息で言う。

何があったんですか？　と訊ねると女は「道に迷ってしまったんです」と答えた。

話の続きを待ったが、それきり黙っている。

困惑して「どちらへ行かれるんですか？　駅ならこの道を右へまっすぐですよ」と母が語りかけると、女は急にくだけた態度になりカウンターに肘をつくと、

「あたし観音様を見に来たんです」と言い出したそうだ。

厄介なことになったと思った母はパートの女性に先に帰るよう促《うなが》し、女を諭すようにこう言った。

「観音様を公開してるようなお寺はこの辺にないと思いますし、あってももうこの時間ですから閉まってるでしょうね。うちももう閉店時間なので……」

だが女は不躾《ぶしつけ》に店内をきょろきょろと見まわし「ここは警察ですか？　それとも警察

学校？」とわけのわからないことを言いながらバッグの中を引っ掻き回し始める。

刃物でも出されたらと思って身構えると、女は小さな白い像を取り出してカウンターにそっと置いた。

「ちょっとこれ」そう言いかけて母は絶句する。

目の前から女の姿が消えていたのだ。


残された白い像は観音像のようだった。よく見ると赤黒い指紋の汚れが所々についていて、なんとなくそれは血の色のような気がする。

どうしていいかわからず、母はそれをガムテープでぐるぐる巻きにするとポリ袋に詰めてそのまま翌日の不燃ごみに出してしまったという。

そんな扱いして大丈夫？　なんかやばいこと起きない？　そう倫代さんが心配すると、

「だってしかたないじゃないの！　私は何も悪くないわよ！　じゃああんたが引き取ってかわりに毎日拝んでくれたの⁉」

母は八つ当たりのように声を荒げていたそうだ。

## 第72話　スガイさん

瑠美子さんの前の職場にはスガイさんという六十歳くらいの男性がいた。社長から直接仕事の指示を受けているようで、瑠美子さんたちはスガイさんが何をしている人なのかよくわからなかった。社長以外とはあまり話すこともなかったらしい。

そのスガイさんがあるときから出勤してこなくなった。社長によれば遠方に出張中とのことだが、仮払いなど出張前の手続きは何もしていない。とにかく社長が承知しているならそれでいいのだろうと放っておいたが、ふた月経ってもスガイさんは帰ってこなかった。

さらに一か月ほど経ったある日、出社すると瑠美子さんの机の上に菓子折りが置いてあった。ゆうべ帰るときはなかったものだ。瑠美子さんの机は出入り口から近いので、お客さんに渡されたものを誰かが仮に置いてそのまま忘れたのだろう。そう思ってほかの社員たちに訊ねたが、みんな知らないと言う。どうしていいものか困っていたらやがて社長が出社してきた。

「ああ、それスガイさんのお土産だから、後でおやつにみんなで食べましょう」

そう言って社長はにこにこしている。スガイさん帰ってきたんですか、という問いには「ちょっとまだ帰れる段階じゃなくて、いろいろと我慢してもらってるんです」とよくわからない返答だった。

包装紙には瑠美子さんの聞いたことがない〈ひねかげもち〉という名前と、南九州の地名が印刷されている。デザインがなんとなく稚拙で、家庭のプリンタで刷ったようにインクが滲んでいる。中身は土産物としてよくあるような個包装の餅菓子だった。だけどなんとなく気持ちが悪く思えたので、瑠美子さんは自分の分は食べずにそっと捨ててしまった。

後で気になって〈ひねかげもち〉という名前をネットで検索してみると、該当するものがなかった。地域を変えても同様である。でも食べてしまったほかの人たちにそのことを教えるのはなんだか憚《はばか》られ、黙っていた。スガイさんは相変わらず出社してこないし、初めからいないみたいに話題にもされなくなった。学生時代からの友人にこのことを話すと、

「なんかその職場全体がすごくやばい感じがするよ。よく平気でいられるねえ」

そう言われてしまい、瑠美子さんは急に目が覚めたような気持ちになったという。

退職した日、帰宅して着替えているとスーツのポケットから個包装の〈ひねかげもち〉が一個出てきた。入れた覚えのないものだ。そもそも職場にまだあったのか？　捨てる前に写真を撮っておいたはずだが、なぜか何もない床の画像しか残っていないそうだ。

第73話　添島

三十歳前後だった二〇一〇年代初頭、克男さんは自堕落な生活を送っていた。女からもらった金でパチンコを打つ毎日で仕事はせず、借金の返済を迫る友人知人から逃げ回りながら小説家になるという夢を捨てきれず、しかしいっこうに小説は書き上げられない、そんな鬱々《うつうつ》とした日々。

克男さんはあるとき添島という男と知り合った。自分より少し年下でちょっと変わった小動物みたいにちょこまかしたところのある男である。

添島もやはり働いているように見えなかったがなぜか車を持っていた。その車でしばしば克男さんをドライブに誘ってくる。どこに行くというわけでもなく夜道をぐるぐると走り回るだけだが、車内で添島はメンバーに動物のいるアイドルグループをプロデュースして紅白出場というよくわからない野望や、巨大ダムの建設方法に関する謎の蘊蓄《うんちく》などを披露し続けた。克男さんは助手席で酒を飲みながらそれらの話を適当に聞き流す。

「これ新しくなったのわかりましたか？　最新型らしいんですけど、ちょっと裏から手を回してタダみたいな値段で手に入れたんですよ」

ある晩、添島はそう言ってカーナビを指さした。

「でもこれ全然使えないんですよ、なんかどこを目的地にしても最終的にはみんな墓地に案内されちゃうんで」

そんな典型的な都市伝説みたいな話あるかよ、と克男さんは苦笑した。

いやほんとなんですから、と言いながら添島はよく行くファミレスを目的地に設定して車を発進させた。

するとナビは初めのうちは見覚えのある道を納得のいくルートで案内していたが、途中から変な道に入っていった。住宅街の坂を上って下りて、田んぼの中の一本道を通り抜けたかと思うと、聞いたこともない工場の敷地の間の左右塀に挟まれた道を進ませる。

「目的地周辺です。音声案内を終了します」という例の声が聞こえたときには、車は鬱蒼とした木々に囲まれた行き止まりにいて、目の前にはヘッドライトに浮かび上がる複数の墓石のシルエットが並んでいた。

「ね、本当だったでしょう」

添島は満足そうにカーナビの画面と墓地を交互に見ている。

「しかも案内される墓地が毎回違ってて被らないんですよね。ということはナビの指示通りひたすら走ってればいつか日本中の墓地を制覇することになりますよね？」

そう言ってナビに次の案内を仰ごうとする添島を制して、克男さんはまっすぐ家まで送ってもらった。本当に墓場にナビされてしまったことも驚いたが、墓地を前にしての添島のはしゃぎぶりがなんとも不気味に感じられ、一刻も早く帰りたかったそうだ。

その後、些細な喧嘩から添島とは疎遠になったのだが、数年経って耳を疑う噂が克男さんのもとに届いた。添島が墓荒らしのようなことをして警察に捕まったというのである。ある霊園に夜間侵入しようとしていたところを警備員に発見されたのだが、そのときすでに彼はリュックの中に複数の骨壷を持参していたらしい。

本人が言うにはそれらはまた別の墓地から無断で持ち出したもので「日本中の墓地の骨をそれぞれ本来あるべき場所に置き換える」ための活動をしているのだと主張したらしい。話が支離滅裂なので違法薬物の使用が疑われているらしい、というところでこの噂は真偽不明なままとぎれている。克男さんはあの晩の添島のことを思い出して背筋が寒くなったそうだ。

連絡を取ろうとしてみたが、昔の電話番号もメアドもすでに使われていなかった。だから彼が今もあのカーナビを使用しているのか、克男さんは確かめられないままだという。

# 第74話　大切な仲間

昔、昼休みの小学校の校庭に知らない外国人の男が来て、子供たちを集めて「私はアメリカ合衆国の大統領です」と演説したことがあった。

ポロシャツ姿の中年男性で口ひげを生やしていて、流暢《りゅうちょう》な日本語を話した。隆志さんはすぐに嘘だとわかったが、低学年の子の中にはあきらかに信じている表情の子もいた。

だが大半はなんだかよくわからないというか「よくわからないけど面白い外国人が来た」という反応だったと思うという。

気づいた教師が校庭に駆けつける前に男は立ち去った。だから大人を巻き込んでの騒動になる前に事は収束したのだが、隆志さんは男の話で妙に印象に残った個所があった。

大半はおそらく新聞の政治面に載っているような言葉遣いで、何を言っているのか理解できなかったけれど、ふと声を低くして「この学校は、言ってみれば私の第二の故郷みたいなものです」とつぶやいたそうだ。

「サカザキ先生、センドウ先生は私の大切な仲間です。仲間のために祈ります」

男はそう続けて、両手を大きく広げたあと胸に当て、しばし目を閉じた。

サカザキ先生のことは名前しか知らなかったが、センドウ先生は隆志さんのクラス担任の、四十代くらいの女の先生だ。驚いた隆志さんは、その日の帰りの会で先生に「昼休みの人、先生の知り合いなの？」と質問したそうだ。先生はぽかんとした顔をしていた。たぶん冗談を言ったと思われたのだろう、軽く流されて会は終わってしまった。

それからたしか一か月も経たないうちに音楽のサカザキ先生が急逝した。まだ二十代だったはずだが、持病もなく原因はよくわからないという話だったと思う。

サカザキ先生の死のショックが冷めやらない頃、今度はセンドウ先生が亡くなった。駅のホームから通過列車の前に飛び込んでしまったのだ。家庭のことで悩みを抱えていたとか、夫の浮気が原因だというような噂は隆志さんの耳にも届いたが、真相は不明だ。

先生たちが亡くなった後、学校では外国人の男の演説内容が意外と話題にならなかった。隆志さん以外にも該当箇所を覚えていた者はいたが、全体から見ると少数派だったらしい。そんなことは聞いていない、そんな馬鹿なことがあるわけないという多数派から「嘘つき」呼ばわりされ、なんとなく口にしづらい空気になっていたようだ。

当時の米大統領はビル・クリントンで、男はクリントンにまるで似ていなかったそうだ。

# 第75話　動物たち

四十代会社員の善之さんからこんな話を聞いた。

若い頃、というから九十年代半ば頃のことだが、善之さんは休日に地元の動物園へ行くことになった。つきあっていた彼女に誘われてのことで、動物園なんて子供の頃以来だなと思いながら園内を歩いていると、彼女が急に「えっ」と声を上げて足を止めた。

どうしたの？　と訊ねると「あっそうか」とつぶやき、ふたたび歩き出す。

象やライオンを見て歩いている途中にも、時折立ち止まって何も動物のいない木の下を眺めていたりしたそうだ。

売店で買ったアイスを手にベンチで休憩しているとき、彼女はこんなことを言った。

「さっきね、檻の外をシマウマとかダチョウが歩いてるのを見て、びっくりして立ち止まったんだよ」

善之さんは驚いて、思わず来た方向をふりかえってしまった。そんなサファリパークみたいな放し飼いの動物を見た覚えはなかったそうだ。彼女は笑って「違うの」と言う。

「前にちょっと話したでしょ、私死んでる人の姿が見えちゃうんだよね。動物もたまに見ることはあったんだけど、ここはなんかレアすぎる動物が普通に人間のまわりうろついてるからさ。珍しすぎて、どれが生きてるヤツなのか頭がこんがらがっちゃった」

今あの前をでっかい虎が歩いてる、と彼女はトイレの建物を指さした。さらに男子トイレの入口からなぜか立派な角を持つ鹿の仲間らしきものが出てきて、虎とニアミスしたと説明してくれる。

サファリパークと違って草食獣と肉食獣が混在しているようだが、血なまぐさい光景にはならないようだった。広場の隅にじっと座り込むライオンの体を、小さな猿の群れが我が物顔で通り抜けていくのも見たと言っていた。聞いていると、まるで争いのない平和な理想の世界そのものみたいだと思い、善之さんはそう口に出したそうだ。

すると、それとは少し違うんじゃないかと彼女は言う。

「人間の霊もそうだけど、動物の霊も他の個体には基本無関心なんじゃないかな。生きてる人間や動物に対してもそうだし、霊どうしでもそう。たぶん生きてたときの自分の記憶の中を走馬灯みたいに、ぐるぐる回り続けてるだけなんだと思う。ようするにそれぞれが勝手に夢を見てるような感じ？　そう考えると、霊ってみんな恐ろしく孤独だよね」

でも人間も動物も、死ぬってそもそもそういうことなのかもしれない。

独り言のようにつぶやいた彼女の横顔が印象的で、善之さんは今でもたまに思い出すことがあるという話である。

## 第76話　ピラミッド

実可さんの姉の圭子さんは六年前に亡くなるまでタクシー運転手をしていたそうだ。姉から聞いたエピソードとして実可さんがこんな話をしてくれた。

あるとき圭子さんは六十代くらいの男性客を乗せた。客は話し好きなようで乗車中ずっと喋り通しだったが、何かの拍子にピラミッドパワーの話を始めた。

ピラミッドパワーとは「ピラミッド型の物体には神秘的なパワーが宿る」という昔流行った疑似科学のたぐいである。男性はピラミッドパワーについて長年にわたり独自に研究した結果、ある発見を得たというのだ。

嬉々として彼が語った内容はほぼチンプンカンプンだったそうだが、要するに特定の鉱物で拵えたピラミッドはパワーが倍増して様々な奇跡を起こせるということらしい。

目的地に着いて料金を払いながら、男性は「さっきの話の証拠をお見せしますよ」と言って手のひらを見せた。そこには高さ三センチほどの黒いピラミッドが載っていたそうだ。

車を降りると男性は、そのピラミッドをおもむろに空中に放り投げてみせた。

するとピラミッドは水平方向にころころと転がるような動きで二メートルほど移動したのち、何もない空中で静止したのだという。

ピラミッドは地上一・五メートルの高さに十秒以上浮かんだままだった。

やがて男性は静止しているピラミッドのところまで歩いていって手に取ると、にっこり笑って近くのマンションの敷地内へ消えていった。

圭子さんは呆然としてしばらくその場にとどまった。

きっとタネのある手品に違いない。そう思って車を降りると路上を手探りしながら歩き、見えない仕掛けを探したが何も見つけることはできなかった。

今度また男性を乗せることがあったらもう一度あの〈手品〉を見せてもらおう。圭子さんはそう思ったが、機会が訪れぬまま何年かが過ぎた。ある日、勤務明けに銀行のＡＴＭに寄った彼女は財布を出そうとバッグを開け、見慣れないものが入っていることに気づく。

高さ三センチほどの黒いピラミッド。あの男性が持っていたのと同じものに見えたそうだ。いつのまに入っていたのか、まったく心当たりがなく驚きよりも怖さを感じたという彼女は、妹である実可さんにピラミッドを見せてここまでの話を聞かせたのである。

その後ピラミッドをどうしたのかは、圭子さんが亡くなった今ではわからないという。

# 第77話　蛇

耕哉さんがK市で大学生をしていた頃、お互いに本命の恋人がいるセフレの彼女がいた。その彼女が部屋に泊まりにきたとき、夜中に突然大声で騒いで起こされたのでどうしたのかと思えば「蛇が出たの！」と言う。布団から頭を出して寝ていたら何かヒヤッとするものが頬に触れたので目を覚まし、何かと見たら長細いものがずるずると這って本棚の陰に消えていったというのだ。

驚いて耕哉さんは本棚の裏を光で照らしたが何も見当たらない。そもそも窓は閉まっていたしここはマンションの五階で、建物はかなり街なかにあるので野生の蛇が部屋に入り込むことがあるとは思えない。とはいえほかの住人のペットの蛇が逃げ出して、という可能性もあるからなあ、と耕哉さんが念のため部屋中を確認して回っていると彼女がぽつりと「やっぱり蛇じゃないかも。ううん蛇じゃないと思う」とつぶやいた。

どういうことかと問えば、

「本棚の裏に入っていく前にその蛇、というか蛇みたいなやつ、こっちをちらっとふりかえったんだけど、その頭が蛇じゃなくて、なんていうか〈泡立て器〉みたいだった」

そう言って彼女は身震いする。

つまり彼女の話では、蛇の体に頭のかわりに泡立て器を取り付けたようなものが部屋を這っていたことになる。ますます現実離れというか、見間違えにしてもありえない感じになってきたので耕哉さんは完全に彼女が夢を見たのだと思いホッとして、明かりを消して寝直そうとした。だが彼女はまだ怯えたままで、怖くてここじゃ寝られないからとタクシーを呼んで帰ってしまった。


数日後、本命の彼女の部屋に遊びにいくとこんな話を聞かされた。

「さっきひさしぶりにチーズケーキ焼こうと思って、食器棚の引き出しから泡立て器を出してきたらなぜか髪の毛が絡みついてたの！　それもどう見ても私の髪じゃないし、気持ち悪いからもう泡立て器使う気しなくてケーキつくるのやめちゃった」

これ直毛だしちょっとアッシュ入ってて、短いときの私の髪とも明らかに違うのわかる？　そう言って見せられたティッシュにくるまれた数本の髪の毛は、セフレの子の髪の毛とよく似ていた。もちろん耕哉さんはそんなことは言えずに背筋にぞくっとするものを感じつつ「気味が悪いことがあるもんだよね」と顔をしかめてみせただけであった。

## 第78話　ヘルメットのおじさん

夕方に終わるバイトの後、靖奈さんは友達と映画を見にいく約束だった。待ち合わせまで少し間があったので手近なカフェで時間をつぶす。窓際の席でスマホを見ていると、歩道の設置物が目に入った。自治体のPRキャラクターをあしらった案内板のようなもの。その台座部分に貼り紙があって〈塗りたて注意〉の文字と黄色いヘルメットをかぶったおじさんのイラストが描かれている。塗料が乾くまで注意を促す、よくある貼り紙だ。靖奈さんはそう思って、すぐスマホに目をもどす。

友達と映画館のロビーで落ち合い、座席に荷物を置いてから靖奈さんだけトイレに立った。トイレを出て通路をもどろうとしたとき、逆方向の突き当たりの壁が目に入った。

そこにはさっき見たのと同じ貼り紙があった。文言もイラストもまったく同じ。〈塗りたて注意〉の文字に黄色いヘルメットのおじさんが添えられている。たぶんカラーコピーしたものだろう、ネットのフリー素材か何かで、同じ貼り紙があちこちでプリントされて使われてるのかな。靖奈さんは近寄ってじっくり眺めてみた。何の気なしに指先で触れてみると、壁の塗装は完全に乾いていた。というより、よく見れば最近塗ったものでさえないようで、色あせた塗装の上から汚れもついている。

上映終了後、脚本がいまいちだったねーなどと言いながら駅に向かって歩いていると、明かりの消えた理容室の壁にまた同じ貼り紙が貼ってあった。

また同じ貼り紙だ！　と言って靖奈さんが駆け寄ると「これがどうかしたの？」と友達が横に並んで訊ねる。さっきから同じ貼り紙何度も見てるんだよ、と言いながら外壁に触り、ほら全然塗りたてじゃないでしょ？　なのに貼ってあるの。誰かのいたずらかな？でもつまんないし手間かかるし、わけわかんないよねー。そう話し続ける靖奈さんの横で友達が、ねえあれ、と理容室のガラスのほうを指さす。

見ると暗い店内の奥のほうに黄色いヘルメットをかぶったおじさんが見えた。でもイラストではなく実際にそこにいる人だ。なのに顔や体つきがどこか大胆にデフォルメされていて、たしかに実体があるのに、貼り紙のおじさんそのものに見える。

貼り紙から出てきたのかな、と靖奈さんがつぶやくと友達は「しっ」と指を口に当てた。

「だとしたら、貼り紙の中に連れてかれるかもしれないじゃん。早く逃げようよ」

貼り紙におじさんと並んでいる自分たちを想像して靖奈さんは少し笑ってしまう。

笑っている間に、おじさんの姿は消えていた。

# 第79話　青とオレンジ色

降りるバス停を間違えてしまった。何年も前に一度来ただけの場所で、うろ覚えだったのだ。本来降りるべきバス停はまだ五キロくらい先で、次のバスは三時間後。周囲は田んぼ。藤雄さんは少し考えてから、とぼとぼと歩きはじめた。

九月の終わりとはいえ、日差しは結構強い。道のりの半分くらい歩いてから、やっぱりタクシーを呼べばよかったと思う。だが今さら呼ぶのは癪《しゃく》なのでそのまま歩いていく。道が平坦なことだけが救いだった。盆地を囲む山並み、田んぼと集落、時々神社。景色は単調で変化がない。

そうだ、予定より少し遅れるって連絡しなければ。藤雄さんはスマホを手に取り、古い知人のアドレスを探す。そのとき足元を派手な色をした手のひら大のものがササッと追い越していった。反射的にカメラモードに替えてシャッターを切る。路傍の草むらに消えたので目で追うが、草に動きはない。

何だったんだ今のは？　青とオレンジ色が見えたけど、あのデカさでそんな派手な野生動物いるか？　逃げ出したペットの外国産トカゲ？　でもトカゲの形じゃなかったな——。

頭を疑問符でいっぱいにしながら草むらを凝視する。やはり動きはなく、青やオレンジ色が草葉の隙間に覗くということもなかった。

今撮った画像で確認しよう。そう思って藤雄さんはスマホをいじる。タイミング的にはばっちり捉えていたはずだ、ひどい手ぶれになってさえいなければ。

表示された画像には、今彼が立っているアスファルトがぶれもボケもなくきれいに写っていた。だが肝心の青とオレンジ色の生物が見当たらない。フレームの端をかすめてさえいない。おかしいなあ、と首を傾げスマホをバッグにもどそうとしたとき、派手な皮手袋とヒトデをかけ合わせたような得体のしれない形状のものが画面をササッと駆け抜け、草むらに飛び込んで姿を消した。

知らずに動画で撮っていたのか！　だったらかえって好都合だ。そう思ってふたたび再生を試みようとしたが、どうも変だ。やはり普通の静止画の写真なのだ。動画のファイルが別に保存されているのかと探してみたが見当たらない。たしかにこの画像だったはずだ。けれどもうスマホに映し出された路面をいくら眺めても、青とオレンジ色がまだらになった、手袋とヒトデのハイブリッドのようなあれが駆け抜けていくことはなかった。

あれがいったい何だったのか、思い当たるものは何もないそうである。

## 第80話　赤い壁

公生さんは三十代の頃、呼吸器系の持病の治療のためアクセスのやや不便な病院に月に二度ほど通っていた。行きは駅からバスやタクシーを使うのだが、帰りは一時間くらいかけて駅まで軽い運動を兼ねて歩くのが習慣になっていたという。

毎回少しだけルートを変えて、初めて通る道を混ぜるのが楽しみになっていた。その日は梅雨の晴れ間でひさしぶりに青空が広がっていて、気分が高揚したせいかいつも以上に遠回りしたようで、なかなか駅に着かない。やがて見知らぬ住宅街に入り込んでいた。

晴れていた空はいつのまにか雲が多くなり、雨がぽつぽつ落ち始める。傘を持っていなかったので散歩は中止して駅に急ぎたいが、やけに行き止まりの多い住宅街だった。何度も袋小路に入り込んでは引き返し、方向感感も怪しくなってくる。スマホのない時代なのでこういうときは人に道を訊くのが最良の手だが、あいにく歩いている人も見当たらなかった。

何度目かの行き止まりで足を止め、ため息をついていると視界の隅にずいぶん派手な色が飛び込んできた。いちめん真っ赤な壁のようなもの。煤けた印象の住宅地に広告看板でもあるのかと目を向けると、視線を逃れるようにすーっとその赤い壁が死角に消えていく。

トラックにしては動きが妙になめらかで、また消えていった先が細い路地のように見える。じっさい路地の入口に立つと軽自動車でも進入は厳しそうだったが、視線の先でやはり赤い壁がすーっと右へ動いて消える。消えたところへ行ってみると、下の道へつながる階段があらわれた。公生さんは階段を下りきったところで周囲を見回してみた。するとまた赤い壁が視界の隅にちらついたので、顔を向けるとすーっとT字路の死角に消えていく。

なぜか取り憑かれたようにまたそのT字路まで来てみると、そこから数十メートル先に見覚えのある駅前のロータリーが見えたそうだ。

いよいよ強くなってきた雨の中、駆け足で駅舎の屋根のあるところへ逃げ込み、公生さんはほっとひと息ついた。そのときまた視界に赤い色が飛び込んできた。だが今度は顔を向けても逃げず、また壁でもなかった。ロータリー内に数台の消防車が駐車していたのだ。

どうやらボヤで済んだのか、おそらく引き上げようとしている消防士たちの様子に緊迫した雰囲気は見られなかった。それらの車両の色は、さっきから公生さんの目に飛び込んでは逃げていった、駅までの〈案内役〉を買って出た謎の赤い壁の色とまったく同じものに違いなかったのである。

# 第81話　おしゃべり

「たしかナントカ銀河っていう店名だったと思うんですけど」

果澄さんが語るのは彼女が小学生の頃、近所にあった雑貨屋のことだ。

母親に連れられて何度か入ったことがあるが、当時キャラクターものの文房具に夢中だった彼女は、こういうセンスのいい輸入雑貨が並ぶ店は退屈なだけだったそうだ。

「でもそこで買ってもらったトートバッグはバイクに乗る女の子の絵がかわいくて、気に入って高校生になるくらいまで使ってました」


雑貨屋は店内に階段があって二階も売り場になっていた。

果澄さんは一度だけ二階を見たことがあるが、おもに食器類が並ぶフロアの隅のほうにかなり大きく奇妙な空間が取られていたという。

「最初見たときはマネキンが置いてあると思ったんですよ」

家のリビングのように、テレビがあってソファとローテーブルが置かれている。そのソファに金髪の女性が二人向かい合って座っていた。

女性たちの顔はそっくりで不自然に整っていて、無表情だった。だが脚を組み替えるのを見たのでマネキンではないとわかったそうだ。ローテーブルに置かれたカップも中身で満たされ、湯気を上げていたという。

「それに近づいたら話し声も聞こえてきたんですね」

女性たちはアナウンサーのようなきれいな発音で会話していたそうだ。

店の中に喫茶スペースがあるんだな、と果澄さんは思った。それにしては売り場と雰囲気が違いすぎるというか、せっかく店内を外国っぽい雰囲気にしてるのにそこだけ完全に日本のリビングで、よく見ればテレビに「笑っていいとも！」のタモリまで映っている。

そんな空間で気取ったポーズでお茶を飲む金髪女性たちが、なんだかアンバランスで、滑稽に見えた。

果澄さんがじっと見つめていると、女性の一人がこんなことを言ったという。

「私たちをさっきからじっと見ている女の子がいるでしょう？」

どきっとして果澄さんは「私のこと？」と思った。まわりを見たが他に誰もいない。

するともう一人の女性が、

「ええ、食い入るようにこちらを見ていますね。きっと私たちにあこがれているんじゃないかしら」

そう答えて優雅に脚を組み替えたそうだ。

果澄さんは恥ずかしさに顔が赤くなるのを感じた。「ちがうの！　そうじゃなくて！」と言い訳したい気持ちで頭がいっぱいになったそうだ。

そこへ階段を上ってくる足音がして「帰るわよ」という母親の声が背後から聞こえた。

逃げるように母親のところに駆け寄った果澄さんがふりかえると、もう女性たちのいた場所がどこにあるのかわからなくなっていたという。

「でもね」と果澄さんは語る。

「最近になって母にこの話をしたら『あの雑貨屋に二階なんてなかったよ』って言われてしまったんですよ。『たしかに階段はあったけど、ロープを張って上れないようになってた。たぶん上は倉庫になってたんじゃない？』って。じゃああれは空想か夢だったの？　と思いかけたけど、それにしては記憶がリアルすぎるというか、二人のスカートに寄ってた皺までくっきり思い出せるんですよ。だからやっぱり現実だったんだと思ってます」

二階の倉庫に迷い込んで、マネキンたちのおしゃべりを盗み聞きしてしまったのかもしれないですよね、と果澄さんは笑った。

第82話　風見鶏

澄子さんが三か月ほどバイトしていたカフェが、突然閉店することになった。店長からは当日メールで知らされ、店を畳む理由はただ一身上の都合とだけ書かれていた。急な話だったのであわてて先輩バイトのKさんに事情を知らないか確かめると、

「風見鶏が原因みたいなんだよね」

そうよくわからない返事がかえってくる。

そのカフェの屋根には鮮やかな色の、たぶん木製の風見鶏が設えられていた。

「店長、何年か前に離婚してるの知ってる？　あの風見鶏、別れた夫の手作りらしいんだけどさ、こないだオカべさんと話してるのちらっと聞いちゃったの。その元夫がつい最近亡くなったみたいで、亡くなってから風見鶏が風もないのにくるくる動いてるときがあるんだって」

気にして店長は一日に何度も屋根の上を確認するようになった。

「そしたら風見鶏の横に元夫が座り込んでて、左手で風見鶏をくるくる回しながら右手で店長においでおいでってしてたらしいんだよね。それ見て気が動転して、どうしたらいいかオカべさんに相談してたみたいなの。オカべさん、古い客だから夫のことも知ってて、

親身に聞いてあげて『知り合いの霊能者を紹介してあげる』なんてことも言ってたと思う」

その後のことは知らないけど、一週間も経たずに急に店やめるんだからきっと何か関係あるんじゃないかな、というのがKさんの見解だった。

澄子さんはもやもやした気分のまま、ひとまず店に来てみたそうだ。ドアに閉店の貼り紙などはなくただ臨時休業の札が出ている。店内は暗く、店長は来ている様子がなかった。

澄子さんは屋根を見上げて風見鶏を見た。動いていない。風がないから当然だろう。

帰ろうとしてふと気配を感じ、澄子さんは屋根に目を向けた。

すると店長が立っていた。裸足で、風見鶏の傍らに遠くを見るような目で立っている。

その表情に普通でないものを感じて声をかけられずにいると、店長は風見鶏を両手でつかんだ。足を踏ん張って引き抜こうとしているらしい。

その動きがあぶなっかしくて澄子さんは思わず「あぶない」と声に出した。

反応して店長がこちらを見た。その顔が知らない男の顔に変わっている。

知らない男の顔をした店長が澄子さんに向かって右手でおいでおいでをしている。澄子さんは背中に冷水を浴びたようになって、たまらずその場から駆け出したという。

# 第83話　カズちゃん

美結さんはかつて、子供たちを集めてレクリエーションを教えたりする教室に勤めていたことがある。

そこの生徒にカズちゃんという女の子がいたそうだ。カズちゃんは物覚えが悪くマイペースな子だったが性格がよく、人懐っこいかわいい子だったので職員みんなに好かれていたという。

ある日カズちゃんの祖父から教室に電話があった。カズちゃんが交通事故に遭って入院しているので、しばらく教室を休みますという連絡である。美結さんたちはとても驚き、カズちゃんの怪我を心配して一日も早い回復を祈ったそうだ。

それから一週間以上経ってまた祖父から連絡があった。沈痛な声でカズちゃんが亡くなったこと、葬式はすでに家族だけで済ませたことが報告されたという。

職員たちはみんな大変なショックを受け、悲しみに沈んだ。あのあどけない笑顔がもう見られないなんてとても信じられず、美結さんもしばらく仕事がまともに手につかない状態だったそうだ。

それからふた月ほど経ったある休日の午後。美結さんは買い物に出かけたついでに河川敷を散策していた。

すると犬の散歩なのか、リードを手にして立っている老人と目が合った。会釈されたので気がついたが、それはカズちゃんの祖父だったそうだ。

以前、教室に時々カズちゃんを迎えにきていたから、お互いに顔を覚えていたのだ。あわてて会釈を返しながら駆け寄ろうとした美結さんの足が止まった。

よく見ればカズちゃんの祖父が連れているのは犬ではなかった。

猿だ。すっくと二足で立ち上がり、物珍しそうに周囲をきょろきょろと見まわしている。しかもその猿は人間の女の子の服を着せられていた。見覚えのある水玉柄のワンピース。猿にはサイズがぶかぶかだが間違いない、カズちゃんのお気に入りだった服だ。

何か見てはいけないものを見てしまった気がして、頭の中が真っ白になる。美結さんは心も体もその場で凍り付いたように動けなくなったという。

けれどカズちゃんの祖父は笑顔で手を振ってこちらに歩いてくる。今さら無視するわけにもいかず、美結さんはどうにかこわばった笑顔をつくった。とにかくここは社会人として精一杯きちんと振舞おう。そう思って、カズちゃんの祖父にお悔やみを言おうとした。

「こ、このたびはお孫さんが、あの……」

だが美結さんの言葉を遮るように、老人は満面の笑みを浮かべ声を張り上げた。

「カズコがいつもお世話になっております！　この子は教室に行くのを本当に楽しみにしておるんですよ！　ほらカズコ、恥ずかしがらずにちゃんと先生にご挨拶しなさい」

最後のは猿に向かって呼びかけたセリフだ。

血の気が引くような思いで見つめていると、猿は視線をキッと美結さんに向けた。

「キョンニチワ」

口を器用に動かして、たしかに猿がそう話すのを美結さんは聞いたそうだ。

今この状況全体が恐ろしくて、たまらず涙が滲《にじ》んできた。たちまちあふれ出す涙でぼやけた河川敷の夕景の中を、老人と猿の背中がゆっくり遠ざかっていくのが見えたという。

一か月後に職場を辞めるまで、この日のことを美結さんは誰にも話せずひたすら胸に秘めていた。またカズちゃんの祖父もあれから姿を見せたことは一度もなかったはずだ。

にもかかわらず「教室にお猿さんがいた！」などと子供たちが騒いで収拾がつかなくなるようなことが、そのひと月の間に五、六回はあったそうである。

# 第84話　ガムの占い

子供の頃、実奈さんはガムの包み紙に書いてある占いを読むのが好きだった。

板ガムを包む銀紙の内側に書いてあった、意味のよくわからない文章のことだが、他に呼びようがないから占いと呼んでいたそうだ。

小学五年生くらいまで、彼女の知っている板ガムの銀紙はどんな銘柄のものでも必ず占いが書かれていた。

「でも板ガムって子供にはけっこう辛い味のが多いから、大人ばっかり占いがたくさん読めてずるいなと思ってました」

父親がよくガムを噛む人だったので、銀紙を取っておいてくれるように頼んで後でまとめて読んだりしていたらしい。

その中のいくつかは今でも暗記しているそうだ。

〈死んで手足がふえたあとで切り落として、自分でゆでて食べたら生き返る〉

〈きれいな花の中には犬を食べる花もあるから、気をつけて〉

〈銀行で百万円盗もう、盗んだ百万円は弟の葬式代になるかもしれないよ〉

〈脳が水たまりに落ちて水がはねました。さて生まれる前は道路でしたか？〉

「こうして思い出してみると、そんな文章×××みたいな大手メーカーの菓子の包み紙に絶対書いてあるわけないてしょ、って自分でも思うんですよ。でも私の体感としてはたとえば同時期に家で飼っていたウサギのこととか、遠足で行った水族館のこととかと同じくらい鮮明な記憶なんです」

気に入った占いの書かれていた銀紙は空き箱にとっておいたし、高校生くらいまでは時々箱から取り出して読み返していたこともよく覚えている。

だが就職して実家を出て数年後、ひさしぶりにその箱を開けてみたら中には何も書かれていない銀紙が何十枚も入っていた。インクが飛んで字が消えてしまったのかと思ったけれど、父親に訊いてもガムの銀紙に文字なんて元から書かれていなかったと言われる。

「おまえが銀紙を欲しがるからあげてただけで、なんでそんなもの集めてるのか不思議だったって言われたんですね。でも父が銀紙をくれるとき、必ずそこに書いてある文章を読み上げてから手渡してくれたんです。その声もはっきり耳に残っているんですよ」

実家を離れて、銀紙が手元になかった数年間のうちに何かが決定的に変わってしまったのかもしれない。そう実奈さんは疑っているらしい。

# 第85話　客引きのいる公園

十年くらい前、帰宅するのに駅から歩いてたんですよ。その時間は客引きが大勢いて、うるさいなと思ってちょっと遠回りして。客引きのいない寂しい通りを迂回していったんです。

しばらく歩くと公園がありました。そこから声が聞こえたんですけど、酔っ払いが電話でもしてるんだろうと思って通り過ぎようとしたら、

「お兄さん、かわいい子いますよー」

って今度ははっきり聞こえてきて。

こんな場所で客引き？　と驚いて公園を見ると、奥のほうに人影がありました。コンクリートの塀にだるそうに寄りかかってる感じで、どう見ても客引きの雰囲気じゃない。酔っ払いが客引きの真似してるのかなと思ったけど、なんか引っかかるところがあって公園の入口に立ってじっと見てたんです。すると、

「おにさん、かわいいこえますよ」

ってまた声が聞こえて。でもさっきと同じ声なのに微妙にカタコトになってたんです。えっと思ってよく見たら、人影の感じもなぜか変化してて。なんていうか、立体感が薄れ

てたんですよね。それまでは暗い中でもいちおう中肉中背の男がこっち向いて立ってる、というのがはっきりわかったのに、今ではその人がどっち向いてるのかもよくわからない。ただ人の輪郭を黒く塗りつぶしたものにしか感じられなくて。

そこですごく嫌な胸騒ぎがしたけど、気になって立ち去れなくなっちゃったんです。だからそのままじっと見てると、今度は全然言葉になってない感じの声が聞こえてきたんですよね。

「おいさぬ、かあうぃこましゅ」

みたいな。

それきりずっと静まりかえってるし、人影もますます立体感を失って、なんかポスターとかのデザインされた人の形みたいにしか見えない。そこで意を決して近づいてみたら、公園の奥の塀に生えている苔が人の形になっているだけで、酔っ払いも客引きも人間なんてどこにもいませんでした。

「おいさ」

って、その苔から聞こえたことまでは覚えてます。

## 第86話　クマのぬいぐるみ

漫画家のAさんは以前、知人から紹介された不動産屋を通じて家を借りた。千葉県にある一戸建てで、海が見える仕事場を持ちたいという彼女の望みに適う物件だったそうだ。

平日は海の見えるこの家で仕事をして、週末は都心のマンションで過ごす。そんな生活を半年近く続けた頃、Aさんの暮らしにある異変が起こる。

「千葉の家、階段の下が物置になってたんですよね。ホームセンターで庭用の除草剤買ってきてそこに入れようと扉を開けたら中に、でかいぬいぐるみが入ってたんです」

一瞬着ぐるみかと思うほどの大きさの褐色のクマだったという。

「その物置はずっと使ってなかったけど、引っ越してきたときに扉を開けて、空なのは確認してるんですよ。手伝いに来てもらってる子たちにも訊いたけどみんな知らないって。普通ならかわいいって思うはずのクマだけど、そういう経緯だから気味が悪くて、エンちゃんって子に処分しておいてねって頼んだんです」

それからさらに半年ほどが過ぎ、Aさんは仕事場の近くにあるバーを経営する男性と親しくなった。

「まあ、要するに彼氏みたいな関係になったんですよ」

Ａさんはその週末、東京に帰らず千葉にとどまり、この男性ノダくんを仕事場である家に招いたそうだ。キッチンで昼食の準備をしているＡさんにノダくんは「二階も見ていい？」と言って階段を上っていった。

やがて転げ落ちるようなすごい音がしたのでびっくりしてＡさんが飛んでいくと、ノダくんは真っ青な顔で床に座り込み、二階を見上げている。

「あのクマ、あのクマ」

おびえきった目をした彼は、そうくりかえす他は口をぱくぱくさせて言葉が出てこない。クマ？　クマといえば物置で見つけたクマのぬいぐるみしかＡさんには思い浮かばない。処分しておいてと頼んだはずだが、捨てずにどこかにしまい込まれていたのだろうか。そうだとしても、ただのぬいぐるみに過ぎない。ノダくんはいったい何をこんなに怖がっているのか。訊ねてもまともに説明することができない彼を見るうちに、Ａさんも膝が震えてきたそうだ。

「ちょっと上まで確かめにいく勇気はなくて、その日は仕事場を逃げ出して彼のマンションに避難したんです」

落ち着いてからのノダくんの話では、二階に上がって右側の部屋を覗いたところ、床にクマのぬいぐるみが落ちていたらしい。ずいぶん大きなぬいぐるみだな、と思って拾い上げようとするとそのぬいぐるみが彼の腕をがっしと掴んできた。

ぎゃっと叫んで振りほどこうとしたが、クマはノダくんの腕にしがみついてそのまま床に引き倒そうとする。よく見れば全身クマだが顔だけは人間のように表情があり、「悪だくみをする老人のような表情」を浮かべていたのだという。

どうやって逃げられたのか覚えていないが、気がつくと階段の下で腰が抜けてしまっていたということだった。

「階段を上って右側の部屋って、メインの仕事部屋で私の机があるところなんです。前の晩遅くまでそこで作業してて、もちろんぬいぐるみなんてなかったですからね」

週明け、Aさんは一人で仕事場に入るのが怖くて、玄関前でアシスタントのミキちゃんと待ち合わせた。

「鍵を失くしたってことにして、合鍵持ってるミキちゃんに来てもらったんです。本当のことを言ったら誰も来てくれなくなりそうだから……」

階段を上ると、おそるおそる仕事部屋を覗き込む。クマのぬいぐるみは見当たらない。ほっとして、ちょっとコーヒー淹れてくるねとAさんは一階に下りていった。

フィルターが見つからなくてキッチンをあちこち探していたら玄関の開く音がした。別のアシスタントの子が来たのかと思って「エンちゃん？　タカミ？」と声をかけた。だが返事はなく、そういえばドアに鍵は掛けたはずだし鍵を持っている子はほかにいないと気づく。にわかに緊張を覚え戸口から様子を窺うと、こちらに背を向けてじっと立つ花柄のワンピースが見える。見覚えのある服だったので、

「エンちゃん何してるの？」

そう言って近づいていくとワンピースがしゅっと空気が抜けた風船のように平たくなって三和土に落ちた。見ると、もはやワンピースでさえなくただのボロ布のようなものが脱いだ靴の上に広がっていた。花柄ではなく白目の人間が笑っているような顔がえんえんと連なる気味の悪いデザインだった。

「たしかにエンちゃんって子がよく着てる花柄ワンピースに見えたし、後ろ姿だけど手や髪の毛だって見えてたんですよ」

何度も転びながら二階に駆け上がってAさんは半泣きで今見たもの、そして昨日ここであったことをミキちゃんに話した。青ざめた顔で聞いていたミキちゃんは、クマのぬいぐるみの処分を頼まれたエンちゃんが、実は捨てずに自宅に持って帰ったらしいことを話してくれた。

「そんなの誰が置いたかわからなくて気持ち悪いし、盗聴器仕掛けられてるかもよ？　って言っても『こんなかわいい子捨てられないよ』って。たぶん彼女のアパートに今もある

んだと思います」

そうミキちゃんに聞いて、Aさんはエンちゃんが来たらぬいぐるみを手放すようにどう説得したらいいか悩んだという。

だが一時間後くらいにエンちゃんからは電話があって、大事な友達が病気になって看病しなければならないから今日は休ませてください、と言われたそうだ。

「友達ってクマのぬいぐるみのこと？」

そう思わずAさんが口走ると、少しの沈黙があって電話は切れてしまった。

「エンちゃんはそれきり仕事場に来なくなってしまって。ずっと連絡も取れないままだったけど、四か月後くらいになぜかエンちゃんのお父さんと名乗る人から電話で、彼女が正式に辞めるという連絡が来たんです。でもどう聞いても子供の声なんですよね。学芸会でお父さんを演じてる小学生みたいな話しかただったたし、あれ絶対お父さんじゃなかったと思うんですよね……」

エンちゃんが来なくなって以後、仕事場で恐ろしいことは何も起こらなかったらしい。

けれどその家に一人でいなければならない時間があることにどうしても耐えられず、Aさんはせっかくの海の見える仕事場を手放すことにした。ほどなく解約したそうである。

第87話　くろばとの会

紘也さんが小学生の頃、母親は月に一、二度〈くろばとの会〉という集まりに出かけていた。

平日の午後に出かけて、夕飯前には帰ってくる。毎回お茶請けの小袋入りのおかきやベビーカステラなどを、たくさん持って帰ってきたのを覚えているそうだ。

あるとき紘也さんが学校から帰ってくるとテーブルに〈くろばとの会に行ってきます。おやつは冷蔵庫にプリンがあります〉というメモ書きがあった。

プリンを食べながら漫画を読んでいたら家の電話が鳴ったという。

『くろばとの会のミヤモトです』

出ると女の人の声がそう言うのが聞こえた。

『紘也くん？　おかあさんが××の交差点のところで車に轢かれて大怪我をしてしまったの。今病院だから、お父さんが帰ってきたら一緒に病院に来てくれる？』

紘也さんは気が動転し、目の前が真っ暗になってしまった。

泣きながら父親が帰るのを待って、電話のことを話したという。だが病院名を聞いていなかったので父親があちこちに連絡して確認していると、ふと玄関のドアが開いた。

見れば病院にいるはずの母親がそこに立っていた。驚く父親と紘也さんを見て母親も驚いている。

聞けば母親は事故になど遭っておらず、今日は会の集まりが長引いて少し帰りが遅くなっただけらしい。

そしてくろばとの会の参加者にミヤモトという名前の人はいないということがわかった。悪質ないたずらだ、と両親が憤慨して話していたのを紘也さんはよく覚えている。

だがそれから二週間後、くろばとの会の帰り道に母親は××の交差点で左折トラックに自転車ごと巻き込まれる事故に遭い、全治三か月の重傷を負った。

母親が事故に遭った日のことを紘也さんはほとんど思い出すことができない。思い出そうとすると事故の二週間前の、あの不可解な電話の女の声が耳によみがえってきてしまうのだそうだ。

「今は施設に入ってる母親とこないだ少し話したんだけど、年も年だし『結局あの電話って何だったんだろう？』って言っても、電話のこと自体よく覚えてないみたい。でも『くろばとの会って何する会だったの？　ボランティアとかそういうの？』って訊くと、露骨に話を逸《そ》らしてくるんだよね。そんな会は知らないって言うんだけど、あきらかに嘘ついてる態度で。それでもしつこく訊くと怒り出すの」

ちなみに紘也さんはバイト先や勤め先で〈ミヤモト〉という名字の人が上司や部下、取引先の担当などになる確率が異常に高いのだそうだ。

違う名前だった人が転属で部下になったとたんに結婚してミヤモト姓になったこともある。よくある名前だし、ただの偶然だとも思うが、すべてはあの電話がきっかけで起きている現象なのではと心のどこかで気にしているという。

「なんかね、この中の誰かがまたおれに嫌な知らせをしてくるんじゃないか？　って冷や冷やしてるというか、内心ずっと警戒してるのかもしれない。普通に考えたらそんなの馬鹿げた妄想だとは思うんだけどね」

ちなみに、紘也さんの母親の旧姓も〈ミヤモト〉なのだそうだ。

# 第88話　獣銭

古着屋に勤める依子さんは以前、エスニック系の居酒屋でバイトをしていた。

その店の常連客にクニキさんという四十歳くらいの男性がいた。店長と知り合いらしくよく話をしているのを見かけたが、店長は裏ではいつもクニキさんの悪口を言っていたそうだ。

普通に感じのいい人だと思っていたので、依子さんはなぜ店長がクニキさんを嫌うのかわからなかった。だが店長に言わせれば「あの人は見かけとはだいぶ違う人だから騙されちゃだめだよ」ということらしい。


ある日、開店間もないガラガラの時間にクニキさんが来店した。

珍しく連れがいて、奥さんなのかなと思ったが、見ているとどうもそんな感じでもない。連れの女性はちょっと南国っぽい服を着てカタコトの日本語を話していた。クニキさんは見たこともないような神妙な顔で女性の話を聞いている。

しだいに店が混み始めたので依子さんは仕事に追われ、クニキさんたちを観察する余裕もなくなった。やがて帰ろうとするクニキさんたちの会計を依子さんが担当して釣銭を渡し、ありがとうございました！　と見送ろうとしたとき。

突然クニキさんが興奮した様子で引き返してきた。

「あなた！　すごいよコレ！　いまわたしにくれたお釣りのネ、これケモノのお金、すごい貴重！　あなたラッキーガール！　感謝！」

なぜか言葉がカタコトになっているクニキさんが差し出した手のひらを見ると、五円玉が一枚載っていた。「よく見て」と促されしかたなく依子さんが顔を近づけたところ、硬貨の真ん中の穴がなんだかおかしい。そこからは当然クニキさんの手のひらが見えるはずだ。だが見えるはずの手の皮膚のかわりに、食べかけの西瓜のような赤い空洞が覗いている。

何これ！　と思ったときその空洞から蛇の舌に似た黒いものがひゅっと飛び出て依子さんの鼻先をかすめ、一瞬で引っ込んだ。思わず悲鳴を上げた依子さんを見てにやりと笑うと、クニキさんは連れの女性のところに駆け寄っていった。

そして早口で何か言いながら手のひらの五円玉を見せている。外国語で話しているようだが依子さんが聞いたことのないイントネーションで、まるで「デリデリデリデリデリデリ」とひたすら言い続けているように聞こえたそうだ。

その晩、店を閉めてから依子さんは店長に、先ほどのクニキさんとのやり取りを話した。店長なら何か知っているのではと思ったのだ。五円玉の穴からあるはずのない赤い空洞が見えた、そこから蛇の舌のようなものが飛び出して……という異常な話を店長はとくに驚いた様子もなく、そんなことあるわけないだろうとも言わず、ただ渋い顔をして聞いていた。クニキさんはいったい何者で、どうして今日は急に日本語がカタコトになったのか。一緒にいた女性は誰で、「ケモノのお金」というのは何のことなのか。依子さんが息を呑んで答えを待っていると、「おつかれさん、明日もよろしく」と投げやりに言っただけで店長は仕事着のままどこかに行ってしまった。

そして翌日から店長はクニキさんの悪口をぴたりと言わなくなった。悪口に限らず、まるでそんな人は初めからいなかったみたいに話題にすることがなくなったのだ。

クニキさん本人もそれから一度も店に顔を出すことはなく、二か月後に依子さんはバイトを辞めた。

今の仕事でも、お客さんに釣銭を渡すとき五円玉があると少し緊張するという。

第89話

# 土嚢人間

智和さんはその年のゴールデンウィークに、高校時代の友人の結婚式があり三年ぶりに帰省した。連休中に他に旅行の予定もあったので、実家には寄らずバタバタと東京にもどる予定だったが、両親がどうしても寄っていけと言う。しかたなく時間をつくって顔を出すと、両親の他に知らない中年女性がいて智和さんを見るとにっこり笑って会釈する。

「この方はね、おまえの今後のことに有益なアドバイスをしてくださるんだよ」

そう父に言われて、ああまたか、と智和さんは思った。両親はよくわからない占いやスピリチュアルなものに過度に入れあげる人たちで、智和さんは幼少時からいろいろ嫌な目にも遭ってきた。そのせいで、上京後は実家から足が遠ざかっていたのだ。

そういうのはいいから、と受け流して席を立とうとすると「先生に失礼でしょ」と母親にたしなめられる。先生と呼ばれた女性は智和さんを頭からつま先まで何往復も眺めたあと、智和さんではなく両親に向かってこう言った。

「息子さんはこれからの一週間で運命の相手と出会いますよ。それは息子さんの人生をよりよき方向に導く大切なパートナーとして派遣された存在ですから、必ず結婚の……」

智和さんは話を最後まで聞かず、両親が止めるのも無視して家を出た。たんに馬鹿馬鹿しいとか時間の無駄という以上に腹が立ち、同時に悲しくなってくる。もう今日は早く帰って明日の旅行に備えよう。そう思って駅に着き、予約した特急の時刻を確かめていたら目の前に奇妙なものが立った。

人間のかたちをしているのは確かだが、衣服というより土嚢《どのう》の袋みたいなものを身にまとい、頭にはいびつな三度笠のようなものを被り、顔が隠れていた。ぎょっとして目をそらすと、智和さんの視線を追うように何度も視界に入ってくる。そして顔を覗き込むようなしぐさをするが無言で、なぜか物音や衣擦れの音もしない。智和さんは怖くなって改札に飛び込み、振り返るとそれは放心したようにその場に立っていて追ってはこなかった。

だが以後、智和さんはその〈土嚢人間〉につきまとわれることになる。

旅先の観光船のデッキで遠くからじっとこっちを窺っていたり、宿泊するホテルのロビーにうずくまっていたり、泊まった部屋の前の廊下を夜通し往復する足音が聞こえたりした。警察に相談しようにもそもそも他人には見えていないらしく、断崖で背後に立たれていると気づき叫び声をあげたときも周囲の人にはただ怪訝な顔をされただけだった。

実家を訪ねてから一週間経つと〈土嚢人間〉はぱたりと姿を見せなくなった。その後、親から携帯に何件も留守電が入っていたが、智和さんは聞かずにその都度消去したそうだ。

第90話 花人形

昨年の春、美央さんは自宅マンションのベランダで奇妙なものを見たそうだ。

萎《しお》れた花束をいくつか針金でくくりつけ、むりやり人型にしたような代物だったという。「花束で作った藁人形」を思わせるそれは、隣との仕切り板に無造作にもたせかけられていた。人間で言えば寄りかかって足を投げ出しているような姿勢である。

職場の先輩の送別会で朝帰りした美央さんは、カーテンを開けてその不気味な〈花人形〉と対面し「何これ……」と固まってしまった。

「いったい誰のしわざ？」というのと「これをいったいどうしたらいいの？」というので頭がぐるぐるしていたら、その〈花人形〉が横に揺れるように動いた。風が動かしたのかと思ったが、人形は右腕に当たる部分で体を支えるようにしながら左膝を上げ、そこから「よいしょ」とでも言いそうな動きで立ち上がったそうだ。

呆気に取られている美央さんの前で、ベランダを端までひょこひょこと歩いて手すりの格子をくぐると、そのまま空中に身を投げてしまった。

あっと思って美央さんはベランダに出ると、身を乗り出して地上を見た。七階の高さから見下ろす二十メートル下のコンクリートにはあの奇妙な人形も、ばらばらになった花束の残骸も見当たらなかったという。

「……私が見たのはそれだけです。うちのベランダには花びら一枚残ってなかったし、地上に降りて地面もたしかめたけど、花の痕跡さえありませんでした。だからここから後は私の想像なんですが」

美央さんは話を続ける。

「たぶんあれって、事故や事件の現場に供えられてる花束を集めてつくった人形じゃないかな？　って思ったんです。亡くなった人たちの無念の思いを吸い込んだ花を集めて人の形にしたら、自分で歩くようなありえないようなことも起きるんじゃないかって……」

たとえそうだったとして、部屋の玄関も窓もきちんと施錠されていたはずだし、誰がベランダに置いたのかという点について心当たりはまるでないそうだ。

## 第91話　幽霊の鳴き声

怖い話ですか。うーん、ぼくのじゃないけど姉から聞いたのなら一つありますね。

地元に××遺跡っていうのがあるんですよ。石器時代の家の跡みたいなのがガラス張りの建物に覆われて保存されてて。まわりがちょっとした公園みたいになってベンチもあるし、高台で眺めのいいところなんですけどね。

姉はそこによく一人で行ってるみたいだったんですよね。べつに考古学とか全然興味ないはずなのに不思議に思って。何しに行ってるわけ？　って訊いたら「パワーとか、エネルギーもらいに行ってるんだよ」って。姉は少し前は神社とか寺を巡るのにハマってたみたいなんだけど、「こんな近所に最高のパワースポットがあるのに気づかなかった」って言ってて。「あそこに行くと大昔の人々の声が聞こえてきて私の心の声と対話しているのがわかる」とか言い出して。まあ思い込みの強いタイプなんですよね。

で、夜中にもその遺跡に行ってたみたいなんですよ。田舎とはいえ女一人でそれは物騒じゃないかと思ったけど、気にせず通ってたみたいで。夜の一時過ぎとかに玄関を出ていく音がして、車の音はしないで、一時間後くらいに帰ってくるんです。それがある晩、あきらかに駆けこむように家に帰ってきたと思うと玄関で息を切らしてて。何事かと思って見にいくと、姉はすごい形相でこっちを見て「幽霊見た」って言うんです。びっくりして、石器人の幽霊見たの？　って訊いたらそうじゃないって。

普通に現代人の格好した、女の人が先客でいたらしいんです。姉は自分以外にも夜中にパワースポットに来る女性が地元にいたのかと思って、うれしくなって声かけたみたいなんですね。でも反応がなくて。敷地内は街灯が少ししかないから暗くて、もしかしたら見間違いかな？　と思って近づいたらしいんです。そしたら確かに女の人がいるんだけど、足が地面についてなかったらしいんです。

うしろにわりと大きな木があって枝が頭上に伸びてきてて。女の人はそこにロープみたいなのでぶら下がってたそうです。

さすがに恐怖に固まっている姉に向かって、女の人は口をパクパクさせて、「キュキャキュキョ、キャキュキュ、キョキャキャキャキャキョキョ、キュキュキュキョ」って、コジュケイという鳥の鳴き声を狂わせたみたいな音が口から漏れてきたそうです。

はっと気がつくと誰もいなくて、それから全力で走って帰ってきたってとこまで話すと姉は「あれきっと幽霊の鳴き声なんだよ。初めて聞いた」って真剣な顔で言ってました。

## 第92話 ロボットごっこ

学さんが小学生の頃、友達の間でロボットごっこが流行《はや》ったことがあった。

米軍基地近くの川べりで、誰かが機種不明のゲーム機のコントローラーを拾ったことがきっかけだったという。

「コントローラーを手に持ったやつが、適当に操作するふりしながら『座れ』とか『立ち上がれ』とか命令を下すんです。そしたらロボット役のやつは『ワカリマシタ』と答えて何でも言うことを聞く。ルールとしては基本それだけでしたね」

ロボット役が「ロボットだから、命令には背けないから」という大義名分で、普段やれない大胆なことをやれるのがミソらしい。それをいじめにならないギリギリのところで楽しんだのだという。

「命令する側とされる側の信頼関係が大事なんですよ、SMプレイみたいなもんです（笑）」

あるとき近所の墓地で学さんがロボット役になった。コントローラーを持った子は「供えてある花をむしれ」「墓石にキックしろ」「花瓶におしっこをしろ」「墓石におしっこをかけろ」そんな罰当たりな行為ばかりを命じた。

学さんは「ワカリマシタ」と答えてすべて決行したそうだ。

「ロボットがなぜおしっこするのかは不明ですけどね……」

するとその晩、罰当たりな命令をした子は原因不明の高熱を出した。おしっこしろ、おしっこしろ……とうわごとを言いながら丸二日間、全身からおしっこの臭いの汗をかき続けたのだという。

一方、罰当たり行為を実行したロボット役の学さんの身には何も起こらなかったのだ。

「ロボットはただ命令されたとおりに動いただけですからね。霊、ちゃんとルール理解してるじゃん、って感心しましたよ」

だが、この事件を機にロボットごっこは急速に廃《すた》れてしまったという。

第93話 橙提灯

希和子さんは教員時代の教え子の何人かと今でも交流があるという。

そのうちの一人にNという男子生徒がいた。Nとは毎年、年賀状のやり取りをしていたが、ここ数年彼からは便りがない。仕事と子育てで忙しそうだったし、年賀状を書く余裕がないのだろう。

あるいは、最近は年賀状を出さない人が増えているという話だから、Nもそうなのかもしれない。そう思って希和子さんはあまり気にしていなかったのだが、最近他の元教え子からNが失踪したらしいという話を聞かされた。

くわしい事情などは不明だが、ここ二年あまり本人の行方がわからなくなっていることと、失踪する少し前にまだ小学生だった一人娘を亡くしていることは確からしい。

希和子さんは、Nが送ってくる年賀状にプリントされていた娘の写真を思い出して胸を痛めた。

かわいがっていた娘に死なれたことで生きていく意味を見失い、すべてを投げ出してしまったのだろうか。かつての教え子の教室での屈託のない笑顔を思い出し、希和子さんは彼がどこかで生きていてくれることを願ったそうだ。

ある日、希和子さんは朝起きるといつものようにベランダの鉢植えに水をやっていた。

空はよく晴れていて、マンションに隣接する公園からは鳥のさえずりが聞こえてくる。公園には東屋があるが、その軒先に普段見かけない鮮やかなオレンジ色の丸いものがぶら下がっているように見えた。

なんだろう、と思って目を凝らすとそれはどうやら提灯《ちょうちん》のようだ。お祭りとか、イベントでもあるのかな？　そう思って公園全体を眺めてみたけれど、他にはいつもと変わったところは見受けられない。誰かが勝手に提灯を持ってきて、ぶら下げただけだろうか。

午後になって買い物にいくときに、ふと気になって公園の中を通っていくことにした。東屋を見ると、さっきぶら下がっていた提灯がなくなっている。片づけられちゃったのか、と少し残念に思いながら東屋の横を通り過ぎようとすると、誰もいないと思っていたベンチに誰かが身を起こした。どうやらそこに寝ている人がいたらしい。驚いて小さく声を上げてしまったのを恥ずかしく思い、希和子さんはそそくさと立ち去ろうとしたそうだ。すると、

「先生」

そう呼びかける声が聞こえた。びっくりしてふりかえったら、ベンチに半身を起こした

長髪ひげ面の男性がじっと希和子さんのことを見つめていた。

その顔に知っている面影を見出す前に、口から勝手に「Nくん」という言葉がこぼれ出ていたそうだ。

すると男性は白いものの混じった髭に覆われた顔でかすかに笑った。それが返事なのだと希和子さんは思ったという。

だが次の瞬間、ガサッという音がして、オレンジ色の提灯がベンチに落ちて転がった。そこにいたはずの男性の姿は消えていた。まるで男性の顔が一瞬で提灯に変わってしまったように希和子さんには見えたらしい。

すかさず風が吹いて提灯は地面に落ち、まるで引きずられるようにずるずると舗装された園路を遠ざかっていった。希和子さんは思わず後を追おうとして段差につまずいた。地面に膝をついたまま顔を上げると、提灯はもう視界のどこにも見当たらなかったそうだ。


某山中で発見された死後数年経つ遺体がNのものだと確認されたのは、つい二か月ほど前のことだという話である。

## 第94話　無視できない

幽霊の出る一戸建てに十年間住んでいたという女性がいた。最初は四人家族で暮らしていたが、母親から順に兄そして妹も出ていって一人になった。その後は友人知人が出入りして最大で六人が寝泊まりしていたことがあるが、最後はまた一人だったという。

「基本的に、出ていっちゃった人はみんな幽霊が原因なんですよ」

そう彼女は語る。

とにかく一定の期間うちに寝泊まりしていれば誰でも見たはず、というその幽霊は「子供が描いた絵みたいな顔の女」なのだそうだ。

家自体はそれほど古くないが、土地の一部が古い墓地だったという話で、幽霊はその墓地に関係するものだと彼女は聞いていた。

「家の中のどこにでも出るし、昼夜も関係ないですね。別に何かされるわけじゃなくてただ見えるだけなんだけど、ぼんやりじゃなくてくっきり。それでひたすらこういうふうに手を動かしてるんです」

彼女は〈前に倣《なら》え〉のように突き出した両腕を交互に上下させた。

「何の動作なのかわからないけど、昔のお化け屋敷のカラクリ仕掛けみたいにぎこちない動きなんですよ」

だから相手は幽霊ではあっても、死んだ人間というより機械仕掛けの人形とでも同居しているような妙な感覚があったそうだ。

「それまで私の中にあったイメージだと、幽霊ってもっと曖昧模糊《あいまいもこ》としてるか、逆に凄い形相で首絞めてくるかのどっちかで。そういうのと比べたら、ただ変な動きして人間と無関係に家の中うろついてるだけなんてべつに怖くないと思いません？　逆に怖いですか？　たしかにうちみたいな幽霊の方が怖いっていう人も意外と多くて。私に言わせれば、たとえば虫なら刺したり毒がなくても家の中にいたら触っちゃったりするじゃないですか？　実在だから。でもその幽霊、見えるだけで触れないんです。そんなのいくらうろついてたって適当に無視したらいいんだけど、みんな無視できないんですよね、なんか暗い顔して勝手にメンタルが不安定になって『もう限界』とか言って出ていっちゃうんですよ」

そういう彼女も今はその家を出ているので、結局恐ろしい目に遭ったのかと問えば、

「立ち退《の》きです。建物が老朽化したから出ていってくれって大家さんに頼まれて。もしそれがなければ今でも住んでますよ、いい家でしたからね」という話であった。

# 第95話　警戒

孝子さんは大学時代、一階にコンビニのあるマンションに住んでいた。

バイトや飲み会で遅くなったときは必ずそのコンビニに寄って、しばらく立ち読みをしてから部屋に上がる。

「当時、まわりでストーカー被害に遭ってる子が何人かいたんですよ。だからなんとなく、夜遅く帰宅するときはワンクッション置いた方が安全かなと思って。立ち読みするふりをして外を観察したりして、誰かにつけられてないか確認してたんです」

その晩はサークルの飲み会で、ぎりぎり終電で帰ってきた。

いつものようにコンビニの雑誌コーナーに立ち、外の様子を窺っていると、あきらかに怪しい人影が道路からこちらをじっと見ているのに気づいたという。

「歩道じゃなく、植え込みを隔てた車道に棒立ちになってるんですね。いくら深夜とはいえそれなりに車は通るし、ちょっと異様な感じがしました」

人影はいつのまにか植え込みを越え、歩道に立っている。年若い男性のように見えた。

いよいよ警戒心を高めながら見張っていると、男は店の入口前に立った。

「でも自動ドアは反応しなくて閉まったままでした」

ドアはぴくりとも動かず閉じている。ところが男は次の瞬間には店内にいた。孝子さんは目を疑った。

「自動ドアが反応しないことは時々あるけど、閉まったままのドアを入ってくるのは生身の人間には無理ですから……」

これはまずい、と焦ったが出入口は一つしかなく、外に出るには男の脇を通り抜けなければならない。店内をふりかえると会社員らしい女性がレジで会計をしていた。

「時々エレベーターで見かけることのある人で、うちのマンションの住人でした」

店を出ていくその人を盾にして強行突破しようか、と孝子さんが考えていたとき。

男がすーっとその女性に近づくと、背後から体をぴたりと密着させた。そのまま折り重なった状態の〈二人〉が店を出ていくのを孝子さんは呆気にとられて見送った。

「なんだ、最初から私は眼中になかったのかって、ほっとしつつ気が抜けたような状態で」

とはいえ、あの男が今同じ建物のどこかにいると思うと、どうにも気味が悪い。部屋にもどる気のしなかった孝子さんは、その晩は駅前のネットカフェで夜明かししたそうだ。

# 第96話　骨じじい

約三十年前、神奈川県某所。雑木林の前の空地に半袖シャツの老人が一年中座布団を敷いて座っていた。骨みたいに痩せているから子供たちはひそかに骨じじいと呼んだそうだ。

ある日、空き地に救急車が停まって、老人が担架で運び込まれるところが目撃される。以来空き地から老人の姿は消え、子供たちは町を救急車が走っているのを見ると追いかけて「とまれ！　じじいを降ろせ！」「出てこい骨じじい！」と騒ぐようになった。

そんな子供たちの一人、慎介さんは週に二、三度空き地に偵察に通い続けた。その日の夕方空き地に来たら一台の救急車が停まっていた。骨じじいが帰ってきたのでは？　半信半疑で近づくと事故に遭ったみたいなボロボロに変形した車両で、運転席には木の葉がたまっている。だが慎介さんは車体をバンバン叩いて「出てこい骨じじい」と叫んだという。

すると救急車はエンジン音をさせないままふいに動き出し、空地を出て坂道を上っていく。必死で追ったがどんどん引き離され、車は竹薮の角を曲がっていった。ようやく慎介さんも角を曲がると、その先は行き止まりの崖だった。救急車は影も形もなかったという。

## 第97話　くちなし坂

古書店を経営する滋さんに聞いた話。

それは地元のかなり狭い範囲でだけ通じる呼び名なのだという。

「くちなし坂っていうんですけどね」

毎年初夏にはくちなしの花が咲き乱れ、その香りに包まれる坂道――というわけではないらしい。

「お寺と墓地がある山の、北側の斜面の道なんですよ。人も車もめったに通らないから、たまに歩いても誰かに会うことはまずないんですけど」

ただし、寺に用事のあった地元の人がたまたま車を使わず、日が暮れかけた頃合い坂を下ることがある。すると麓から歩いてきた人と不思議とよく出くわすのだそうだ。

「この時間に歩いてどこに行くんだろう、お寺の人かな？　と思いながら近づくと――」

しだいに顔が見えてきたその人は、どうやら知り合いの誰かだと気づくことになる。

「その坂を上ってきてもおかしくないという程度には近所の人ですね。ああ○○さんだなと思って、挨拶しようとするじゃないですか。するとどういうわけか声が出ないんです」

喉が嗄《か》れたというよりも、まるで声の出しかた自体を忘れてしまったようにまったく声が出せないのだという。

思いがけないアクシデントに動揺していると、近づいてきた相手は意味ありげな目つきで一瞬立ち止まり、こちらの耳元に顔を寄せてくる。


「しにんにくちなしですか?」


はっとして振り返ると、たった今すれ違ったはずのその人はもうどこにも見当たらない。周囲はいつのまにかすっかり暗闇に包まれている。

時計を見ると、坂を下り始めたときから二時間ほど経っていることがわかるそうだ。

「で、おそるおそる試してみると今度は声が出るんです。喉に何の違和感もない。それからさっきの知人の言葉を思い出して不安になるというか、何か変だと思うじゃないですか」

あれは本当に○○さんだったのだろうか?　気になってその足で○○さんの家を訪ねてみると、はたして当人から今日はあなたと会ってないと否定されたり、家族から○○はどこそこへ出かけてまだ帰っていないと告げられたりする。つまりさっきのはやはり○○さんではなかったんだと納得し、では何者だったのかと鳥肌を立てることになる。

「そういう経験をした人が近所に何人かいて、どうもあの坂はおかしいという噂になったわけです。坂ですれ違う相手はその都度まちまちで、同じ人物ではない。ただしみんな地元の顔見知りばかりです。私とすれ違ったという方もいます。仕事で帰宅前の時間でしたから、もちろんそのとき私は坂になどいませんでした。私と瓜二つの者がその方の耳元で『しにんにくちなしですか?』とつぶやいたそうです。まったくうす気味の悪いことです」

「私の知る限り、坂に現れたニセモノは私のほかにFさん、Dさん、Kさん、Oさんの姿をしていたようです。これは全員男性です。しかもそれぞれの家の次男坊ばかりです。年齢はいろいろですが次男という点だけは共通している。彼らとすれ違った人たちは年齢はバラバラなんですが、なぜか次男が一人もいない。ただの偶然かもしれませんが」

ニセモノに出没された人たちも、それらとすれ違ったと主張する人たちも、さいわい今のところ誰も〈死人〉になったりはしていないし、これがきっかけと思えるような不幸な目にも遭っていないはずだという。ただほんの五、六年前に始まったばかりの現象なので今後何らかの展開があるかもしれない。そのときはお知らせしますよ、と滋さんは語った。

# 第98話　青嵐

映像制作会社に勤める民男さんの話。

あるとき近所の立ち食いそば屋で春菊天そばを食べていたら、外から突然ものすごい風が吹き込んできたという。

店内にほかに客はいなかったから、新しい客が来て自動ドアが開いたのだろう。そのタイミングでちょうど突風が吹いたのかな。そう思ったが、民男さんの髪はまだ逆立ったままだ。シャツの裾もバタバタと音を立ててはためいている。

ドアが故障でもして閉じなくなったのだろうか？　そう思ってどんぶりをカウンターに置くと、入口を振り返ってみた。だがガラスのドアはぴったりと閉じていた。ほかに風が入ってくる窓や隙間などは見当たらない。にもかかわらず民男さんは風を浴び続けていた。すきま風どころではない烈風だ。

どうやら店内で民男さんだけがこの強風を受け止め続けているらしい。カウンターの中から店員が怖いものを見るような目でこちらを見ていた。店員の着ている半袖シャツはそよいでさえいない。

何が起きているのかうまく飲み込めないが、これは自分にだけ降りかかっている異常事態のようだ。民男さんは春菊天そばを食べるのをあきらめて外に出た。残念ながらというべきか、当然というべきか外も強風が吹き荒れていた。だがまわりを歩いている人たちの髪は誰一人乱れていない。シャツやスカートの裾も落ち着いたものだ。つまり現実には風など吹いていないようなのだが、民男さんだけはまだ強風の中にいた。しかも向かい風だ。駅まで三百メートルほどの距離なのに、急な斜面を登るように途方もなく遠く感じる。

まるで台風みたいな風に逆らって少しずつ歩きながら、なんでこんな目に遭わなければいけないのかと思う。

ゴールデンウィークを半分も休めなかったぶんの代休で、今日はこれから映画を見に行くつもりだった。だがこれでは駅までどうにかたどり着けても、電車の中もこの風が吹き荒れているのではないか。それどころか映画館の席についても私だけ烈風に翻弄されており、映画どころではない可能性もある。

そう思うと出かける気持ちが急速に萎えてしまい、民男さんはその場で踵を返した。するとと今度は大風が背中を押してくれるかたちになり、まるで滑り台に立っているように足元が覚束なく転びそうになりながらぐんぐん自宅へ近づいていく。

たちまちアパート前にたどり着くと、一階の一番手前のドアを開けた。最後の一押しとばかりに風が民男さんを玄関に突き飛ばしてドアをパタンと閉じた。

靴を脱ごうとして民男さんは、風がすっかり収まっていることに気づいたそうだ。

どうやら自宅はこの風の〈圏外〉になっているようだ。ようやくほっとひと息ついて、民男さんは立ち食いそば屋からここまでの間に何が起きていたのかを考えた。

他の人たちのふるまいを見る限り、今日はほぼ無風のようだ。その中で自分だけがどこから吹いてくるのかも知れぬ激しい風を浴び、家に引きもどされてしまった。これではまるで「おまえは今日はどこにも行くな」と何者かに無理やり帰宅させられたようなものだ。

そう考えて、民男さんはハッとした。彼はまったく信心深いほうではないが、神と言っていいのかあるいはご先祖様とか守護霊とかそういうものかもしれないが、これは何か超越的な存在が自分を救ってくれたのではないか。乗るはずだった電車が脱線事故を起こしたり、観るはずだった映画の上映中に火災が発生して多数の死傷者が出るところを、自分だけが足止めを食らい、奇跡的に助けられたのかもしれない。

そうに違いない、それならせっかくの休日の予定が台無しにされたことも納得できる。

民男さんはスマホを手に取ってポータルサイトをリロードし続けた。部屋のテレビを点けてニュース速報が流れるのを息を呑んで待った。だが何時間経ってもニュースの見出しに〈事故〉や〈火災〉の文字は現れないし、テレビ画面にニュース速報は流れなかった。

それでも民男さんは取り憑かれたように最新ニュースをチェックし続けた。時間を忘れて、自分に起きた奇跡の証拠が現れる瞬間を待ち続けたという。だが待ち望んでいた大惨事は報じられず、そのままほとんど一睡もしない状態で出勤時間を迎えてしまう。寝不足でぼんやりした頭のまま玄関のドアを開け、駅に向かってしばらく歩いてから民男さんは強風がすっかり収まっていることに気づいたという。

あの日ほどの激しさではないものの、民男さんは以後も何度か〈自分だけに吹きつける風〉を経験している。

なぜかきまって五月から六月にかけての初夏の頃で、しかも休日出勤の代休を取った日に限られるそうだ。その理由については未だに「いっさい心当たりがないんですよね……」という話であった。

# 第99話　涙

「幽霊なら見たことありますよ、写真は撮り損ねたけど」

美歩さんは高校の修学旅行で行った寺を、仕事のついでに十数年ぶりに訪れたそうだ。

記憶ではもっとだだっ広い境内に無数の鳩が群れていたはずだが、思ったよりも狭いし鳩も少ししかいない。

やっぱり記憶は補正されてあてにならないな、と思いつつ写真を撮りながら歩いていると、向こうからスーツ姿の男がじっと見ているのに気づく。

「いかにも就活生か新入社員か、っていう板についてない感じのスーツの男の子。でもあきらかに私を目で追ってるみたいだからこっちも見返しちゃったんだけど」

その若い男は涙を流していたそうだ。

頬を涙で濡らしながら、それを拭おうともせず目を見開いてこちらを凝視しているのだ。

「なんかつらいことでもあったのかって一瞬思ったけど、とにかく私から目を離さないから怖くなっちゃって、ちょっとあわてて参道を引き返したんですね」

若い男は後をついてくることはなかった。

美歩さんはほっとして、土産物屋が軒を連ねる道をしばらく散策した。

ふと店と店の隙間のような空間に人が立っているのが視界に入ってきた。

「身なりのいい上品なおばあさんなんだけど、私をじって見て涙を流してるんですよ」

顔が似ているわけではまったくないが、目を見開いた表情がさっきの男とそっくりだったそうだ。

そのとき急に美歩さんは子供の頃に見たテレビのことを思い出した。

「有名人が心霊体験を話す番組だったと思うんですけど、ある人が『街なかで涙を流しながら自分を見ている人がいて、後で思い出したら亡くなった親戚だった』という話をしたんです。はっとして、このおばあさんも幽霊なんじゃないかと思って」

あわててスマホのカメラを起動して隙間を見ると、もうおばあさんは消えていた。

「証拠残そうなんて思わず、もっと目に焼き付けておけばよかったって思います。おばあさんも最初の男の子もぼんやりとしか顔を覚えてなくて、いったい誰だったんだろうって」

二人とも、美歩さんが高校時代に縁のあった人たちに思えてならないそうだ。

# 第100話　またはあとがきにかえて

単著で百物語をやりませんか、という提案を貰ったときは正直ちょっとたじろぎました。私にできるのかなと思ったのです。百物語を一人で手がけるのは、怪談書きなら一度は経験してみたい仕事ではあります。ただ、あやしい話をひたすら集めて一冊にするというつものことと百物語では、もちろん大きく重なっている所はあるけれど、何か異質なおこないのようにも感じたのですね。

ほかの怪談集になくて百物語にあるもの、それは〈数える〉という要素でしょうか。そもそもお皿とか、階段の段数とか足音とか、怪談というジャンルと〈数える〉ことには何やら浅からぬ縁があるようですが、百物語という形式は怪談そのものを〈数える〉わけです。怪談に怪談を一話また一話と重ね続け、個々の怪異の輪郭を超えてしだいに姿をあらわす〈数え切られてしまったもの〉の全貌は、はたして私ごときの手に負えるものなのか。

そんな心配をしながら、ともかくも厳選した百話を揃えて臨んだ初の百物語集、どうにか最後までたどり着くことができました。はじめての単著『実話怪談覚書　忌之刻』上梓からちょうど十年になる今年、初心に帰って取り組んだこの一冊ですが、やはりというべきか今回もなんとも奇妙な話、わけのわからない異様な話ばかり集まってしまいました。

その意味で本書は百物語集としては少々異色のものになっているかもしれません。一方、いわゆる〈奇談〉と百物語の相性のよさについても本文を纏めながら再確認できたような気がしています。人の世に明滅する怪異の消息を書き留めるのは、相変わらず手探りの、あちらこちらで途方に暮れながらの作業です。けれどこの古い形式の力を借りることで、普段なら取りこぼしてしまいそうな〈見聞の隙間〉に手が届いた瞬間が、何度もあったのではと著者はひそかに振り返っているところです。

さて、本書を読み終えたばかりの皆さまのところには、今頃きっとホンモノの怪異が迫りつつあるところ——とはまだ言わずにおきましょう。百物語は九十九話で切り上げるのが暗黙の作法ということになっており、書き起こさずにおいた一話が今も手元に残されているからです。それを最後にこの場にそっと手放すことで、この本をお読みいただいた読者の方々への感謝のご挨拶に代えさせていただければと思います。

我妻俊樹

# 古道にて

栄子さんの自宅前の道は千年前からある古道で、そのせいか時々不思議なことが起こるという。

たとえば夜遅く車の通らなくなった時間に、その道を馬の蹄が駆け抜ける音が聞こえることがある。

外に出て確かめても馬の姿は見えないが、どちらに駆けていったかは音でわかるそうだ。するとその少し後に必ず、救急車が道を蹄と同じ方向へ走り抜けていくのである。

またある日、ぎょっとするほど大きな蛇が道端でとぐろを巻いていたことがあった。写真に撮ろうとスマホを出すとにわかに蛇は半透明になり、とぐろを巻いた形をたもったまま脱皮した後の抜け殻になってしまった、
びっくりして写真を撮るのも忘れて見入っていると、背後を車が激しくクラクションを鳴らしながら通り過ぎていった。

そのときの風で吹き飛ばされた抜け殻はあたりに粉々に散って、水飛沫のようにきらめきながら跡形もなく消えてしまったという。

# 奇談百物語　蠢記《うごめき》

2022年11月4日　初版第1刷発行

著者……………………………………………………………………………… 我妻俊樹
デザイン・DTP ……………………………………………………………… 延澤 武
企画・編集 ……………………………………………………………… Studio DARA

発行人…………………………………………………………………………… 後藤明信
発行所……………………………………………………………………… 株式会社 竹書房
〒102-0075　東京都千代田区三番町８－１　三番町東急ビル６F
email：info@takeshobo.co.jp
http：//www.takeshobo.co.jp
印刷所……………………………………………………………… 中央精版印刷株式会社